林漢仕著

重文彙集

文史哲出版社印行

重文彙集

著者：林漢仕
出版者：文史哲出版社
登記證字號：行政院新聞局局版臺業字〇七五五號
發行所：文史哲出版社
印刷者：文史哲出版社
台北市羅斯福路一段七十二巷四號
郵撥〇五一二八八一二彭正雄帳戶
電話：三五一一〇二八
實價新台幣二五〇元
中華民國七十八年二月初版

再版序

重文彙集這本小册子，七二年八月初版，只三、四個月的光景，是書就銷售一空，市面上再也找不到這本小書了。本來計畫擴大重文的編纂，把所有相關的字形，字義及其可能造字經過，依繁簡次序一一編入許書重文內，作重文補，重文補補，重文補補補。於是我買進了：甲文方面如李孝定的甲骨文字集釋，郭沫若的殷契粹編。董作賓的殷虛文字甲編、乙編，羅振玉的殷虛書契前編、續編、菁華，島邦男的殷虛卜辭綜類。金文方面則據有羅振玉的三代吉金文存，吳大澂的愙齋集古錄，方濬益的綴遺齋彝器考釋，吳式芬的攗古錄金文，孫詒讓的古籀拾遺，薛尚功的鐘鼎彝器款識法帖，阮元的積古齋彝器款識，容庚的金文編、續編，劉體智的小校經閣金文，于省吾等的彝銘會釋，郭沫若的兩周金文辭大系考釋、圖錄。並陸續借閱並搜購有關著作，中國的、日本的舊材、新料一切有關文獻，務期將專家認定的古文字，收輯附屬於許書重文之下，如不屬重文的字，則并入篆字或今字之下爲新重文，以擴大許書原有的古文、籀文、奇字、或體、時人異體、俗說之外，有甲文、金文之新重文的加入。從前我在師大讀書的時候，魯老師實先先生爲喜愛金文的教授，學生開了一個超校際的金文特別班，老師常提到識字的初步工夫，從相關義符的分散與整合、如行、止彳亍手足辵寸之相關義符與所從之字的字義關係，再證以曾運乾聲韻某攝類歸之認定。畢業後，爲自己進修認字的方便，將說文中的重文一千二百多字，以表格勾劃，並附圖表把相關字義偏旁加以繫聯，做得很草率，本應送請魯師指點一二，素知老師善罵人，由畏懼而延誤了請益的時間，老師不久即棄教仙逝了，不得魯老師的指引，實在很遺憾！該書也由自己閱讀的筆記，進而鋟版成書，萬萬沒有想到「十分賣座」。許書的媚力，歷千數百年而不褪色，在這裏得到證明。

我曾自我期許要將專家業經認定之甲骨彝鼎文字附入許書，以擴大重文範疇，並將文字偏旁相關部首義符歸類，讓我們大家在認字工作上便利些。反切的繫聯，留待以後試做。仍然用表格方式排列。也許是圖表，一覽之下比較容易獲得因排比而來的啓示。也許這件工作是難了些，也許因教學工作上迫於眉睫的需要：學生們問及文化教材中孟子的屬籍？宦遊次序？孟子外書的眞僞？續孟子的價值？漢、宋人爲什麼要刺孟！非孟！疑孟？問題需要回答，否則「坐堂論道」如何服人口、心？很自然的找到了下臺階，就憑這個藉口，准許了自己的移轉注意，放下古文字的蒐集，改覓亞聖孟子的「資訊」。七八年初，自費出版了「孟子的故事」這本書。由於內容多，私自忖度：這些材料不僅自己需要，同道恐怕也有必要儲藏備用。不敢自私，公佈了這些素材，果然，五百本的初稿，三個半月就賣完了，如同重文彙集借許愼的光一樣，這裏我又借了亞聖的光。

一天，到羅斯福路上廣文書局買書，正好遇到該書局董事長王先生，他禮聘我到他店裏擔任編輯的工作。

廣文在書商界頗負盛名，在這兒做過編輯的前輩，有的已執教育界的牛耳了。我以戰兢的心情應聘了。工作量的增加，孟子的故事再版勢必耽擱，我覺得不能與同道分享對孟聖雄辯精神表示崇敬有點可惜，再從銷路速度上看，向隅的人一定不少，我拜訪了文史哲出版社彭正雄先生，希望交由他再版，彭先生一口答應了，並應同道建議，將該書更名爲孟子探微。數年後，拿到了價値超過八千大關的版稅呢！想是書銷路還算差強人意。

在廣文工作之餘，有幸讀到編輯室許多藏書，其中談到廣文自編的易經彙編數十種，細讀之下，發現人言人殊，家自爲說，因與彙集易傳略加芻評的念頭，使這本書，一顧茫然，再顧黯然的易經，在比較傳注下能多一點感發，知所謂象數，義理，圖書，儒理，史事，心性，漢學之易傳，時而冰炭，氣候不同，皆各有理可據，卓然成家，其來有自的道理。而不必是一家而非全體，可以放大我們的視野去讀這本身兼科學，哲理，兵學，史學，醫學，物理學，化學，天文學，數學，電腦二進位結構等奇異的智慧之書。我的第一本易傳輯釋於八○年代問世了，顏之曰易傳評詁。出版前曾執稿叩問過周何老師、胡自逢老師、黃慶萱老師、劉兆祐老師，他們都有所教誨。而易傳本身，先賢們也給了我們很多啓示，允許我們去參與他們的討論，去瞭解問題的眞相。

彙輯古人意見也眞不簡單，先要讀懂他們的書、易理的瞭解本來就難，加上古書都沒有標點，得先瞭解內容再行標點，然後才可以摘句，才能做到重點不失，才能保存各家精神所在，去傳釋易經卦辭。本來計畫分六個梯次完成，沒想到第二個梯次就因誤信而參加了免費的子平八字研究，他們號召的幌子叫易經針灸與算命，而上了「賊船」所以拖到八八年第二本才脫稿付梓，這次以乾坤卦爲主，另附睽卦於后，題書的名字叫乾坤傳識，蓋寓孔子之賢者識其大，不賢者識其小之意也。前後徵引約廿來萬字。第三梯次以後的工作，將順口訣屯蒙需訟而既濟、未濟的順序做下去。因此，還有好幾年要與易經傳注「結緣」。然則奈何重文彙集這本小書絕版後十多年還有人寫信給編者索書，我看許書重文，因彙集後確實也醒目易記、好讀，所以決定再版，前敍重文補補補的工作，只好再俟諸他日了，以前已收輯的重文資料，暫置案右，日後再來整理。

一九八八年十二月林漢仕寫於臺北市溫州街寓所

自序

文字的演化，若一口咬定古簡今繁，猶之乎一口咬定人類的衣着，古簡今繁一樣，得象之一腿、未能許爲賅備之論。蓋由簡而繁，實乃生活藝術的表現；由繁而簡，固是天性，不欲多一束縛加之於身的緣故。這種演化的曲線，非是表示南北其行，而是相成相輔。不能一句「繁，簡」以「判定」有歷史深度，厚度的文化，遽成鐵則。

閒讀說文，發現重文的曲線，正表現出我們這有深度，厚度國家文字的特質，如：

「禮無從遻，麗歸芳貌。」是篆文，是現行書體，「礼无从迯·丽帰芳皃。」是該篆文下的古籀或字。「射蚊法則，坐裸膚肢。」是現行書體，是古籀或字，「䠶蟁灋鼎，垩羸臚肞。」是射蚊法則、坐裸膚肢的篆文。前者今繁古簡，後者今簡古繁。又份彬，咳孫，原爲一字，今則音義迥殊。敢不再用晦。得譌化自得。鱷鯨，瓶缾通用。烌，勈易位而爲秋勇。這些古今異體，非出於一時，一人，一地之手，自無疑義。再就所從義符探看，玩之從玉，與其或字貦之從貝，鬴之從鬲甫聲與釜之從金父聲，址之從土與其或字阯之從自，裳之從衣與其或字常之從巾，視之從見與其古文眎眂從目，所從義符各異，從而又可推識甲骨，鐘鼎。及其造字的時代性與地域性。有感於中，於是着手整併說文所載的古文，籀文，或體，奇字，時人異體及俗說，得一千二百餘字，並擇附許慎原解，段的反切，韻部。如此，歸爲九類，不但可使吾人立刻識其字形，知其音義及繁簡變化，亦且可予人一清耳目的作用。

現在分條說明於后：

一、古籀文字繁於篆文。這一類得四百餘字。如「一，二，三。」爲篆文，「弌，弍，弎。」是一、二、三的古文；「馬，則，烌。」爲篆文，「影，鼎，䮾。」是馬，則，烌的籀文；「勿，玩、梅。」爲篆文，「

㫚，䟫，楳。」是勿，玩，梅的或體。

二、篆文繁於古籀文字。這一類得二百八十餘字。如：「禮，五，剛。」為篆文，「禮，乂，𠇍。」是禮，五，剛的古文；「歸，奢，樹。」為篆文，「婦，奓，尌。」是歸，奢，樹的籀文；「達，剝，彈。」為篆文，「达，𠛁，弓。」是達，剝，彈的或體。

三、篆，籀繁簡相當。這一類得一百一十餘字。如：「聞，𨕥，事。」為篆文，「䎽，𨘢，𠭓。」是聞，𨕥，事的古文；「嘯，餔，觴。」為篆文，「𣢇，𨇩，𧦝。」是嘯，餔，觴的籀文；「瑱，壻，仂。」為篆文，「𤭛，婿，仂。」是瑱，壻，仂的或體。

四、篆文下古籀文字，音義本同，後世析分為二種意義。這一類有五十餘字。如：「終，份，咳。」為篆文，「冬、彬，孩。」是終，份，咳的古文；「𥜓，箕，西。」為篆文，「㩃，其，棲。」是𥜓，箕，西的或體。

五、增減，移易字畫，使篆文，古籀字體皆已譌變。這一類，有六十餘字。如：「𩅾，亯，𢼸，豪，晦，得，𤎺。」是篆籀字，今譌變為：「霧，享，舔，豪，畝，得，爛。」

六、篆文後所從古籀或體，有二個以上，其一繁，其一簡。計得九十餘字。如：「疾、信、仁。」為篆文，「𤕫𢜸，㐰訫，忎𡰥。」是疾、信、仁的古籀字；「遲，璿，勇。」為篆文，「遟迡，璿叡琁，勇㦷。」是遲，璿，勇的古籀或體。

七、現行楷書，以古籀或篆為正字，其字體繁於篆文。這一類得六十餘字。如：「創，𪘲，盟，砥，貌，芳。」為古籀或字，「刅，𪗉，𥁰，底，㒵𠒞。」是創，𪘲等的篆文。

八、現行楷書，以古籀或篆為正字，其字體遠較篆文簡省。這一類得八十餘字。如「射，裸，法，蚊，惰，膚。」為或字，「䠶，𧝝，灋，𧕴，憜，臚。」是它的篆文。

九、古籀或篆，形體各異，意義相同，二種文字，至今並行不悖。這一類得五十餘字。如綫線，煙烟，鱷鯨，澣浣，育毓，阯址，噍嚼，瓶甁、蕙蕿萱等是。前者是篆文，後者為古籀或字。

為便於查閱，特將以上九類依筆畫多寡，另列一檢字表，依筆畫即可找到我們所要索求的字。字畫後所標的㈠㈡㈢等數目字，乃為其類別。

以上類分，實不夠精密，第一第二繁簡兩類之後，如四五六七八九條，亦各有繁省，本當以義聚，聲合為尙的，這件工作，目前只好暫且按下。

又為便於查檢原書出處，特取藝文本說文解字注為準的，在每個篆文上注明頁數，一呼即見，省時省力。

說文共收九千三百五十三字，而本書的編排，只取古，籀，或，篆計重文一千二百餘字，義符類歸附在其後。

總之，本書編排目的，在使我們認識就說文解字內的異體文字。「礼、无、朙、凷。」並非後生小子造無本的簡字。曉得譌變，復退，徥得，緜緜，黏粘糊，溯源有路。一字分為二義，抗杭，氣餼，或域，常裳等是，又義符的從米，禾，麥，食，黍，酉的相關。韋，革，衣，糸，巾，麻可以類聚。知道重文的繁省變易，談文化復興，在文字方面，才不會執一、偏頗難悟。比較了古籀文字，我們似乎可以斷定，中國地方，不管山而東，山而西，造字原則相同，發展目標一致，因而注定了中國只能合，不能分的命運，大統一的局面，以前維繫了數千年，今後的千千萬年，仍然是心歸一統的，這就是炎黃子孫生生不息，永遠適存的道理。

林漢仕識於永和民有街24巷家居六十一年八月

目次

甲：重文彙集：

乙：篆籀義符相關表：

重文彙集　二

檢字表

一、古籀或字繫於篆文

	篆文	宋體	古文	籀文	或體	其他	反切	古韻部	說解
1		一	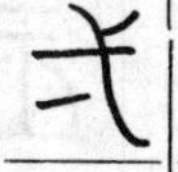				於悉切	古12	惟初太極道立於一造分天地化成萬物。古文一
687	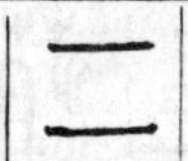	二					而至切	15	地之數也從耦一。古文二
9	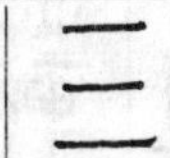	三					穌甘切	古7	數名，天地人之道也於文一耦二爲三成數也。古文三
8		祟					雖遂切	15	神禍也從示出。籀文從驤省
8	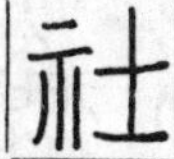	社					常者切	古5	地主也，周禮廿五家爲社，各樹其土所宜木。從示土。古文社。
14	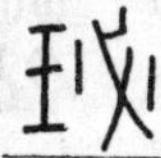	珌					卑吉切	12	佩刀下飾，天子以玉，從王必聲。古文作𪻐
17		琨					古渾切	13	石之美者從王昆聲。或從貫，貫昆合韻。昆夷作串夷雙聲也。
420		頌					似用切	9	皃也，從頁公聲。籀文（疑從首）

	篆文	宋體文	古文	籀文	或體	其他	反切	韻部	說解
22		𡴆					力竹切	3	菌𡴆、地蕈叢生田中從屮、六聲。籀文從三𡴆。籀文陸從此
23		萉					房未切	15	枲實也從艸肥聲 萉或從麻賁
33		蘞					良冉切	7	白蘞也，從艸僉聲 或從斂
36		莕					何梗切	10古	菨餘也從艸杏聲 莕或從衍同（注各本作荇）
42		蔪					慈冉切	8	艸相蔪苞也從艸斬聲 或從槧
43		菹					側魚切	5	酢菜也從艸沮聲 或從血，或從缶
10		玉					魚欲切	3	石之美有五德者……象三玉之連—｜其貫也 古文玉
51	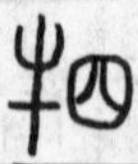	牭					息利切	15	四歲牛從牛四，四亦聲 籀文牭從貳
416		歎					他案切	14	吟也，謂情有所悅吟歎而歌詠從見鷬省聲 籀文不省

3	祺	渠之切	1	吉也從示其聲。籀文從基古其基通用。
3	齋	側皆切	15	戒絜也從示齊省聲。籀文。
7	禂	都皓切	3 古	禱牲馬祭也從示周聲五經文字直由反又音誅。鉉本作騆。或從馬壽省聲作[seal]。
112	融	以戎切	9	炊氣上出也從鬲蟲省聲 籀文不省
18	玕	古寒切	14	琅玕也（鄭注珠也）從王干聲 古文從旱
61	𠯑	古活切	15	塞口也從口氒省隸變作氐。凡𠯑聲字變作「舌」。古文從甘段以爲錯，應作𠯑，依戴東原說。
33	蔆	力膺切	6	芰也從艸淩聲 司馬相如說蔆從遴
33	芰	奇寄切	16	蔆也是謂轉注，從艸支聲 杜林說芰從多
35	菣	去刃切	12	香蒿也從艸臤聲 或從堅
48	蓐	而蜀切	3	陳艸復生也，從艸辱聲。一曰蔟也 籀文蓐從茻

	篆文	宋體	古文	籀文	或體	其他	反切	韻部	說解
142		閵					良刃切	12	今閵，佀鴝鵒而黃從隹𠆑省聲 籀文不省
158		鸓					力軌切	15	鼠形飛走且乳之鳥也從鳥畾聲 籀文鸓
163		敢					古覽切	古5 敢8	進取也從𠬪（猶從手）古聲 籀文從彐蓋亦爪也。今字作敢。
72		速					桑谷切	3	疾也，從辵束聲 籀文從敕，古文從敕從言。
71		述					食聿切	15	循也從辵朮聲 籀文從秫（朮者秫之省，段注）
70		是					承旨切	16	直也從日正，凡是之屬皆從是 籀文是從古文正。
70		正					之盛切	11	是也從一一目止凡正之屬皆從正。 古文正，從二二古文上字
									古文正，從一足，足亦止也。
68		登					都滕切	6	上車也從癶豆象登車形 籀文登從𠬞

頁	篆文	楷書	古文	籀文	或體	反切	部	說解
76		迒				胡郎切	10	獸迹也從辵亢聲 迒或從足更
77		後				胡口切	4	遲也從彳幺夊，幺夊者後也 古文後從辵。
74		逋				博孤切	5	亡也從辵甫聲 籀文逋從捕
624		⿰女𤔔				力沇切	14	順也從女𤔔聲詩曰婉兮⿰女𤔔兮 籀文⿰女𤔔。今作戀
76		往				于兩切	10	之也，從彳㞷聲（往） 古文從辵。（段按、㞷、古文㞷。）
75		遠				雲阮切	14	遼也從辵袁聲 古文遠（似當仍從辵）
60		嘖				士革切	16	大呼也從口責聲 嘖或從言
86		冊				楚革切	16	符命也諸候進受於王者也。象其札一長一短中有二編之形。古文冊從竹
83		蹷				居月切	15	僵也，從足厥聲一日跳也，讀若橜 蹷或從闕。
84		躧				所綺切	16	舞履也，從足舞聲 躧或從革

	篆文	宋體	古文	籀文	或體	其他	反切	韻部	說解
87		嚚					語巾切	12	語聲也從㗊臣聲 古文嚚作
16	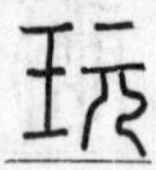	玩					五換切	14	弄也從王元聲 玩或從貝
155		鴇					博好切	古3	鴇鳥也肉出尺胾從鳥𠦑聲 鴇或從包周禮注作鴝。
93	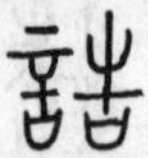	誥					古到切	古3	告也從言告聲 古文誥（從言肘聲）
101	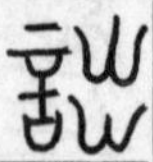	詘			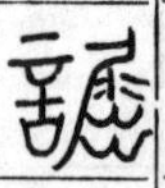		區勿切	15	詰詘也一曰屈襞從言出聲 詘或從屈
92	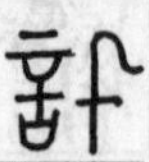	訊					思晉切	12	問也，從言丸聲 古文訊從卤、卤古文「西」字
89		古					公戶切	5	故也，從十口識前言者也。
101		誄					力軌切	15	禱也絫功德呂求福也，論語云誄曰禱爾于上下神祇 從言畾聲。或從纍。（另有從言耒聲字）
100		訟					似用切	9	爭也從言公聲（頌訟古今字） 古文訟（從谷聲）

100		讋			之涉切	7	失气言，一曰言不止也，從言龖省聲傅毅讀若慴。籀文不省。
98		訇			虎橫切	12 古	駭言聲從言勻省聲，又讀若园。引伸匉訇大言也。籀文不省。
108		革			古覈切	1	獸皮治去其毛曰革革更也 古文革從卅、卅年爲一世而道更也臼聲
88		商			式陽切	10	從外知內也從㕯章省聲 兩古文商，一籀文商。

63		㕣			以轉切	14	山間陷泥地從口從水敗貌讀若沇州之沇。古文從谷。
112		鬵			才林切	7	大鬴也一曰鼎大上，小下若甑曰鬵，從鬲兓聲讀若岑。
88		㐁			他念切	7	舌皃從谷省象形 古文㐁讀若三年導服之導（音讀多）。
104		弇			古南切	7	蓋也從廾合聲 𢍉弇（奄之別體）古文。
104		廾			居竦切	3 古	竦手也，從凡廾之屬皆從廾揚雄說從兩手。

	116	105	106	104	61	62	114	116	108
篆文									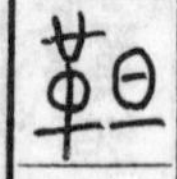
宋體	尹	共	䙴	僕	吝	嘷	巩	叜	靼
古文									
籀文									
或體									
其他									
反切	余準切	渠用切	七然切	蒲沃切	子荅切	乎刀切	居竦切	穌后切	旨熱切
韻部	13	9	14	3	7	3古	9	3	15
說解	治也（正也、進也誠也）從又丿，握事者也。古文尹（各本乖異今姑從大徐）。	同也從廿廾凡共之屬皆從共 古文共	升高也從舁囟聲。或從卩。	給事者從人菐菐亦聲。古文從臣。	恨惜也從口文聲。古文吝從彣	咆也從口皋聲。譚長說嘷從犬。	褱也，從丮工聲。或加手（又見手部）。	老也從又灾 籀文從寸。叟或從人。	柔革也，從革旦聲。古文靼從亶。

109	57	123	123	119	119	103	131	129	135
鞠	哲	皮	徹	豎	臧	童	目	用	看
居六切	陟列切	符羈切	丑列切	臣庾切	則郎切	徒紅切	莫六切	余訟切	苦寒切
3	15	17	15	4 古	10	9	3	9	14
蹋鞠也從革匊聲。鞠或從𥷚。	知也，從口折聲。哲或從心。古文哲從三吉，（段注或省作喆）	剝取獸革者謂之皮從又爲省聲。凡皮之屬皆從皮。	通也，從彳從攴從育。古文徹。	堅立也，從臤，豆聲。（豎尌音義同）籒文豎從殳。	善也，從臣戕聲。	男有辠曰奴，奴曰童，童曰妾。籒文童中與竊中同從廿、廿以爲古文疾字。	人眼也象形重童子也凡目之屬皆從目。	可施行也從卜中衞宏說凡用之屬皆從用。	睎也，從手下目。看或從軌（聲）

	篆文	宋體	古文	籀文	或體	其他	反切	韻部	說解
138		自					疾二切	15	鼻也象鼻形。古文自。亦自字。
133		睹					當古切	5	見也從目者聲。古文從見。
752	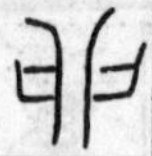	卯					莫飽切	3古	冒也二月……故二月爲天門……古文卯。
139		奭					詩亦切	5	盛也從大從皕皕亦聲讀若郝。隸作奭。
126		敗					薄邁切	15	毀也從攴貝賊敗皆從貝。籀文敗從賏。
117		反					府遠切	14	覆也從又厂。
117		友					云久切	3	同志爲友，從二又相交。古文友。
									亦古文友（段注云未詳）（習見139頁）
117		彗					祥歲切	15	埽竹也從又甡。彗或從竹。古文彗從竹習。

118		支				章移切	16	去竹之枝也，從手持半竹。古文支（上下各分竹之半，手在其中。）
114		孚				芳無切	3古	卵即孚也，從爪子，一曰信也。古文孚從禾，禾古文保，保亦聲。
110	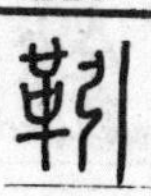	靷				余忍切	12	所目引軸者也從革引聲。籀文靷。
117		叔			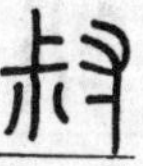	式竹切	3	拾也從又尗聲。叔或從寸（又寸皆手也故多互用）
81		牙				五加切	5古	壯齒也象上下相錯之形。古文牙（段注：從齒象其形也，古文齒）
146		蒦				乙虢切	5	規蒦商也從又持萑一曰視遽皃，一曰蒦度也。蒦或從尋尋亦度也。
146		舊				巨救切	1古	雖舊舊留也從萑臼聲。舊或從鳥休聲。
643		甾				側詞切	1	東楚名缶曰甾，象形。古文甾。
143		雉				直几切	15	有十四種（省）從隹矢聲。古文雉從弟。（聲）
163		叡				呼各切	5	溝也從𣦼從谷讀若郝。叡或從土。

	篆文	宋體	古文	籀文	或體	其他	反切	韻部	說解
119		隷					郎計切	15	附箸也，從隶柰聲。篆文隷從古文之體。
138		百					博陌切	5	十十也從一白，數，十十爲一百百白也十百爲一貫貫章也。
163		歾					莫勃切	15	終也從歺勿聲。歾或從𠬛。（即歿字）
161		惠					胡桂切	15	仁也從心叀。古文惠從卉。
144		⿰奴隹					人諸切	5	牟母也從隹奴聲。鴑或從鳥。
144		雇					侯古切	5	九雇。從隹戶聲。雇或從雩。籀文雇從鳥。
145		⿰酓隹					恩含切	7	雜屬也，從佳酓聲。籀文⿰酓隹從鳥。
145	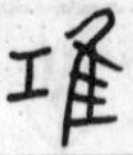	⿰工隹					戶工切	9	鳥肥大⿰工隹⿰工隹然也，從隹工聲。⿰工隹或從鳥。
153		⿰尗鳥					七由切	3	禿⿰尗鳥也從鳥尗聲。⿰尗鳥或從秋（聲）。

50		番				附袁切	14	獸足謂之番，從釆田象其掌。或從足從煩。段按𠂇古文播。
154		鷸				余律切	15	知天將雨鳥也從鳥矞聲。鷸或從遹。
156		鸇				諸延切	14	鸇風也從鳥亶聲。籀文鸇從廛。字又作[illegible]。
475		麇				居筠切	13古	麞也從鹿囷省聲。籀文不省。
487		㷉				符逼切	1	以火乾肉也從火稫聲（煏焙）籀文不省。
474	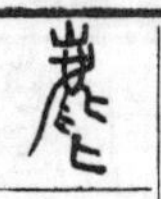	麀				於虯切	3	牝鹿也，從鹿牝省。（段即牝字）或從幽聲。
465		馬				莫下切	5古	怒也武也。象馬頭髦尾四足之形。古文。籀文馬與影同，有髦。
469		駕				古訝切	17	馬在軛中也從馬加聲。籀文駕（㓉）
473		驘				洛戈切	17	驢父馬母者也，從馬羸聲。或從羸。（今字作騾）
466		騧				古華切	17	黃馬黑喙從馬咼聲。籀文騧。

	篆文	宋體	古文	籀文	或體	其他	反切	韻部	說解
458		勿					文弗切	15	州里所建旗……（注：勿勿，沒沒猶勉勉也）勿或從㫃（經傳作物、蓋旀之訛）
456		确					胡角切	3	礐也從石角聲。确或從㱿。
638		我					五可切	17	施身自謂也或說我，頃頓也從戈𠂢，𠂢古文垂也，一曰古文殺字。古文我。
454		碣					渠列切	15	特立之石也，東海有碣石山，從石曷聲。古文。
564		涸					下各切	5	渴也從水固聲讀若狐貈之貈。涸亦從水鹵聲。
560		津					將鄰切	12	水渡也從水𦘔聲。古文津從舟淮。
560		澩					胡角切	3	夏有水冬無水曰澩。從水學省聲讀若學澩或不省。
552		活					古活切	15	流聲也從水𠯑聲。活或從聒。
526		漾					余亮切	10	漾水出隴西——從水羕聲（羕爲假借）古文從養。

561	574	565	448	450	452	457	510	518
湛	巠	汀	廡	厂	仄	肆	㤅	患
直林切	古靈切	他丁切	文甫切	呼旱切	阻力切	息利切	烏代切	胡丱切
7	11	11	5	14	1	15	15	14
沒也從水甚聲。古文。	水脈也從川在一下，一地也，一曰水冥巠也。壬省聲。古文巠不省。	平也從水丁聲。汀或從平。	堂周屋也從广無聲。籀文從舞聲。	山石之厓巖人可凥，象形。籀文從干（象形，干聲）	側傾也從人在厂下。（與側昃字相假借。）籀文從夨夨亦聲。	極陳也從長隶聲。或從髟。	惠也從心旡聲。古文。	憂也從心上貫吅吅亦聲。古文從關省。亦古文患。

頁	篆文	宋體	古文	籀文	或體	其他	反切	韻部	說解
502		奏					則候切	4	奏，進也從夲從廾從屮，屮上進之義。古文。
			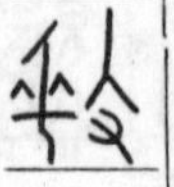						亦古文。
515		悁					於緣切	14	忿也，從心肙聲一曰憂也（憂）籀文（𠜱聲）
515		愆					去虔切	14	過也從心衍聲。或從寒省。籀文（從言侃聲）
515		聒					古活切	15	歫（即拒字）善自用之意也從心銽聲。古文從耳
501		亢					古郎切	10	人頸也從大省，象頸脈形（俗作吭或肮）亢或從頁。
498		吳	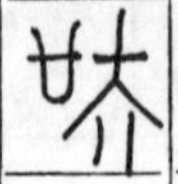				五乎切	5	大言也從夨口，（虞、娛假借字）古文如此（從口大）
495		炙					之石切	5古	炙肉也從肉在火上。籀文。
485		然					如延切	14	燒也，從火肰聲。或從艸難。

頁	字	反切	卷	說解
482	猵	布囥切	12	獺屬從犬扁聲。或從賓。
487	熬	五牢切	2	乾煎也從火敖聲。敖或從麥作。
490	光	古皇切	10	明也從火在儿上光明意也。兩古文。
496	赤	昌石切	5古	南方色也從大火。古文從炎土。
499	尢	烏光切	10	尥也曲脛人也從大象偏曲之形篆文從㞷。
218	丹	都寒切	14	巴越之赤石也象采丹井丶象丹形。兩古文丹。
				（段按此似是古文彤）
751	𠫓	他骨切	15	不順，忽出也從倒子……𠫓即易突字也。或從到古文子。
740	防	符方切	10	隄也從𨸏方聲。防或從土（俗又作坊）

	篆文	宋體	古文	籀文	或體	其他	反切	韻部	說解
715		鈞					居匀切	12	三十斤也從金匀聲。（段按古多假鈞爲均）古文鈞從旬（古文旬匀多通用）
700		堇					居隱切	13	黏土也從黃省從土。古文堇（從黃不省）
									亦古文。
700		艱					古閑切	13古	土難治也從堇艮聲。籀文艱從喜。
701		野					羊者切	5古	郊外也從里予聲。古文野從里省從林（亦作埜）
724		斲					竹角切	3	斫也從斤豎聲。斲或從𠃨畫聲。
697		垔					於眞切	13古	塞也從土西聲。（古書多作堙作陻）垔或從𠂤古文垔如此。（上從古文西）
696		垐					疾資切	12古	以土增大道上從土次聲。古文垐從土即堲疾惡也。
706		動					徒總切	9	作也從力重聲。古文動從辵。

706		勞				魯刀切	2	勮也從力熒省。古文勞如此。
695	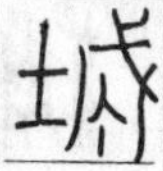	城				氏征切	11	㠯盛民也從土成成亦聲。籀文城從𩫏。
691		垣				雨元切	14	牆也從土亘聲。籀文垣從𩫏。
695		墉				余封切	9	城垣也從土庸聲。（庸墉古今字）古文墉。（讀如郭）
691		堵				當古切	5	垣也五版爲堵從土者聲。籀文從𩫏。
685		黽				莫杏切	10古	鼃黽也從它象形黽頭與它頭同。籀文黽。
685		鼀				七宿切	3	圥鼀詹諸（又作蟾蜍）從黽圥圥亦聲。
680		虹		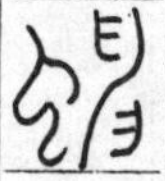		戶工切	9	螮蝀也狀似虫從虫工聲。籀文虹從申申電也。
671		蝘				於殄切	14	……從虫匽聲。蝘或從蚰。
681		螽				職戎切	9	蝗也從夂聲。夂古文終字。螽或從虫衆聲。

頁	篆文	宋體	古文	籀文	或體	其他	反切	韻部	說解
661		紟					居音切	7	衣系也從糸今聲。籀文從金（玉篇又作絵）
662		緁					七接切	8	緶衣也從糸疌聲。緁或從習。
667		緆					先擊切	15	細布也從糸易聲。緆或從麻。
665		紲					私列切	15	犬系也，從糸世聲……紲或從枼
652		紹	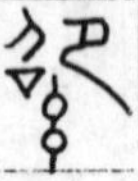				市沼切	2	繼也、從糸召聲一日紹緊糾也。古文紹從卲。
659		紘					戶萌切	古 6	冠卷維也從糸厷聲。紘或從弘。
665		繘					余聿切	15	綆也從糸矞聲。古文從絲。籀文。
667		紵					直呂切	5	檾屬…白而細日紵從糸宁聲。紵或從緒省。
688		地		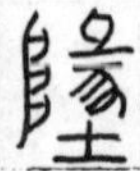			徒四切	古 17	元氣初分輕清陽爲天重濁陰爲地萬物所陳敶列也從土也聲。籀文從𨸏土彖聲。

頁	篆文	楷書	古籀	或體	反切	數	說解
651		紝			如甚切	7	機縷也從糸壬聲。紝或從絍。
686		鼂			陟遙切	2	匽鼂也讀若朝。楊雄說虫名，杜林以爲朝旦。從黽從旦。古文從皀。
594		閾			于逼切	1	門榍也從門或聲。古文閾從洫（淢即洫之古文）
594		開			苦哀切	12 古	張也從門幵聲。古文（一者門閉、𠬞者象手開門）
595		閒			古閑切	14	隙也從門月。古文閒。
597		閔			眉殞切	13	弔者在門也從門文聲。（俗作憫）古文閔（𢡸）
645		甈			魚列切	15	康瓠破罌也，從瓦臬聲。或從埶。
639		琴			巨今切	7	禁也神農所作洞越練朱五弦象形。古文珡從金。
673		蚳	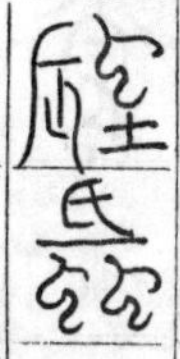		直尼切	15	螘子也從虫氏聲…讀若祁。籀文蚳從䖵。古文蚳從辰土。
603		捦			巨今切	7	急持衣裣也從手金聲（擒）捦或從禁（聲）

	篆文	宋體	古文	籀文	或體	其他文	反切	韻部	說解
620		妻					七稽切	15	婦與己齊者也、從女從屮從又。……古文妻從肖女、肖、古文貴字
619		妘					王分切	13	祝融之後姓也從女云聲。籀文妘從員。(員籀文作鼎、古音同云)小徐本作[illegible]
582		鱣		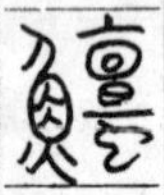			張連切	14	鯉也從魚亶聲。籀文鱣(從夗蟺爲聲)。
752		寅					弋眞切	12	髕也正月……古文寅。
678		蜮					于逼切	1	短弧也佀鼈三足以气䠶害人從虫或聲。蜮又從國。
577		霣					于敏切	13	齊人謂靁爲霣從雨員聲一曰雲轉起來也。讀若昆古文霣如此。
577		震					章刃切	13	劈歷振物者從雨辰聲。籀文震。
578		雹					蒲角切	3古	雨仌也從雨包聲。古文雹如此(象其磊落之形)。
568		沬					荒內切	15	洒面也從水未聲(沬 靧頮須同)。古文沬從艸水從頁。

603	[seal form]	握	[seal form]			於角切	3	搤持也從手屋聲。古文握。
614	[seal form]	撻	[seal form]			他達切	15	鄉飲酒罰不敬撻其背從手達聲。古文撻。
609	[seal form]	拯			[seal form]			上舉也出休爲拯從手丞聲。無韻切升登在六部 拯或從登。
582	[seal form]	魴		[seal form]		符方切	10	赤尾魚也從魚方聲。籀文從旁。
623	[seal form]	媧		[seal form]		古娃切	17 古	古之神聖女化萬物者也從女咼聲。籀文禍從兩。
749	[seal form]	子	[seal form]	[seal form]		即里切	1	十一月陽气動萬物滋人㠯爲偁象形。古文子從巛象髮也。籀文子囟有髮臂脛在几上。
750	[seal form]	孳		[seal form]		耳子切	1	孳孳彶彶生也（孜孳通用）從子茲聲。籀文從絲。
758	[seal form]	醢		[seal form]		呼改切	1	肉醬也從酉䀁聲（䀁盍之或字）籀文。
614	[seal form]	播	[seal form]			補過切	14 17	種也從手番聲，一曰布也。古文播。九歌作[illegible]，古播字。
647	[seal form]	弛			[seal form]	施氏切	16	弓解弦也從弓也聲。弛或從虒。

	篆文	宋體	古文	籀文	或體	其他	反切	韻部	說解
646		弭					緜婢切	16	弓無緣可㠯解轡紛者從弓耳聲。弭或從兒。
672		强					巨良切	10 6	蚚也從虫弘聲。籀文強從蚰從彊。
672		蠆					他割切	15	毒蟲也象形。蠆或從蚰。
698		毀					許委切	16	缺也從土毇省聲。古文毀從壬。
678		蠏					胡貫切	16	有二敖八足旁行非它鮮之穴無所庇從虫解聲。蠏或從魚。
20		氛					符分切	13	從气分聲，或從雨。段以爲似不當爲一。
3		祀					祥里切	1	祀或從異。祭無已也從示巳聲。
640		直					除力切	1	正見也從十目乚（十目卽視無所逃也）古文直或從木如此。
748		辜					古乎切	5	罪也從辛古聲。古文辜（從古文死也）

解

727		車				尺遮切	5	輿輪之總名也夏后時奚仲所造象形。籀文車。
732		軝				渠支切	16	長轂之軝也，以朱約之從車氏聲。軝或從革。
732		軎				于濊切	15	車軸耑也從車象形杜林說。從軎或彗（聲）。
733		轙				魚綺切	17 古	車衡載轡者從車義聲。轙或從金獻。
746		禼				私列切	15	蟲也從厹象形讀與偰同。古文禼。俗改用偰契字。
738		𨸏				房九切	3	大陸也山無石者。象形。古文。（上象絫高，下不可拾級而上。）
738		陸				力竹切	3	高平地從𨸏坴聲。籀文陸。
360		覈				下革切	2 古	實也攷事而笮邀遮其辭得實曰覈從襾敫聲。或從雨。
204		旨				職雉切	15	美也從甘匕。古文旨（注從千甘者謂甘多也）
697	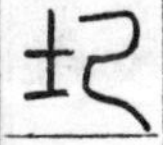	圮				符鄙切	1 古	毀也從土已聲虞書方命圮族。圮或從手配省非聲。

	篆文	宋體	古文	籀文	或體	其他	反切	韻部	說解
216		䀋					側余切	5	醢也從血菹聲。䀋或從缶。
173	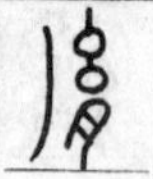	胤					羊晉切	12	子孫相承續也從肉從八象其長也。幺亦象重累也，古文𦙍(允嗣繼也)
171		膀					步光切	10	脅也，從肉旁聲。膀或從骨(作髈)。
169		脣					食鄰切	12古	口耑也，從肉辰聲。古文脣從頁。
203		工					古紅切	9	巧飾也象人有規榘與巫同意。古文工從彡。
205		乃					奴亥切	1	曳詞之難也象氣之出難也。
205		迺					如乘切		驚聲也，從丂省卤聲。(今人讀迺爲乃)籀文鹵不省或曰迺往也讀若仍。
22		毒					徒沃切	3	厚也害人之艸往往而生從屮毒聲。古文毒從刀。
221		飴					與之切	1	米糱煎者也從食台聲。籀文飴從異省。

222		養					余兩切	10	供養也從食羊聲。古文養。
209		豆					徒候切	4	古食肉器也從口象形。古文豆。
217		咅					天口切	4	相與語唾而不受也，從丶從否，丶亦聲。咅或從豆欠。
44		茵					於眞切	12	車重席也從艸因聲。司馬相如說茵從革。
212		虎					呼古切	5	山獸之君從虍從几虎足象人足。古文虎。
									亦古文虎。
177		腝					人移切	14 古	有骨醢也從肉耎聲。輭或從難。
662		綱					古郎切	10	网紘也從糸岡聲。古文綱（作棡，梠）。
758		酸					素官切	14	酢也從酉夋聲，關東酢曰酸。籀文酸從畯（聲）。
225		侖					力屯切	13	思也從亼冊。籀文侖（段注古文冊作𠕋）。

	篆文	宋體	古文	籀文	或體	其他	反切	韻部	說解
207		平					符兵切	11	語平舒也從亏八八分也。古文平如此。
207		喜					虛里切	1	樂也從壴從口。古文喜從欠，與觀同（段以爲轉寫之誤）。
208		鼓					工戶切	5	郭也從壴從屮，又象垂飾又象手擊之。籀文鼓從古。
223		飽					博巧切	3古	猒也從食包聲。古文飽從采聲（采、古文孚也）
									亦古文飽從卯聲。
275		叒					而灼切	5	日初出東方湯谷所登榑桑叒木也。象形。
652		絕					情雪切	15	斷絲也從刀糸卩聲。古文絕象不連體絕二絲（象形）
254		槸					魚祭切	15	木相摩也，從木埶聲。或從藝作。
241		梅					莫桮切	1古	枏也可食從木每聲。或從某。

一、古籀或字繫於篆文。

261	244	237	236	231	275	179		175	181
		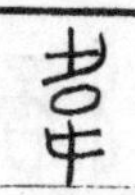							
苿	蘽	韋	舛	就	㞷	肰		𦞦	刻

								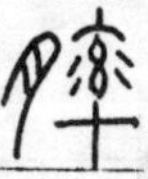	

互瓜切	力軌切	宇非切	昌兗切	疾僦切	戶光切	如延切		呂戌切	苦得切
古 5	15	15	古 13	3	10	14		15	1
兩刃臿從木丫象形（方言作鏵） 苿或從金亏。	蘽木也從木畾聲。	相背也從舛口聲獸皮之韋可以束物……故借爲皮韋。	對卧也從夊㐄相背。 楊雄作舛從足萅。	高也，從京尤，尤異於凡也。 籀文就。	艸木妄生也從㞢在土上讀若皇。 段，古文往作㞷從此。	犬肉也從肉犬讀若然。 古文肰。	亦古文肰。 （段按爲⿰口肰之譌）	血祭肉也，從肉帥聲。 𦞦或從率。	鏤也從刀亥聲。 古文刻。

	篆文	宋體	古文	籀文	或體	其他	反切	韻部	說解
181		則					子德切	1	等畫物也從分貝貝古之物貨也。籀文則從鼎。
181		副					芳逼切	1	判也從刀畐聲。籀文副從畐畐。
184		制					征例切	15	裁也，從刀未一曰止也。古文制如此。（段注從彡者裁斷之而有文也）
173		肬					羽求切	3	贅肬也從肉尤聲。籀文肬從黑。
281		囮					五禾切	17	譯也從口化聲讀若譌。囮或從繇。
280		囿					于救切	1古	苑有垣也從口有聲一曰所以養禽獸曰囿。（籀文囿）
263		桮					布回切	1	𠤳也從木否聲。（俗作杯）籀文。
251		本					布忖切	13	木下曰本從木從丅。古文。
250		某					莫厚切	1古	酸果也。從木甘闕。古文某從口。

編號	字	反切	韻部	說解
261	枱	弋之切	1古	耒耑也從木台聲。（段按當作詳里切）或從金台聲，籀文從辝（段注，辝，籀文辭字）
245	杶	敕倫切	13	杶木也從木屯聲。或從熏。古文杶。
244	梓	即里切	1	楸也從木，宰省聲。或不省。
272	休	許尤切	3	息止也。從人依木。休或從广。
243	梣	子林切	7	青皮木從木岑聲。或從寖省寖籀文寑（見宀部）
320	卣	徒遼切	2	艸木實垂卣卣然，象形讀調。籀文從三卣作。
313	旞	徐醉切	15	導車所載全羽以爲允允進也從㫃遂聲。或從遺作。
277	𠂹	是爲切	17古	艸木華葉𠂹象形。古文（注似物）
270	梁	呂張切	10	水橋也從水木。古文。
281	員	王權切	13	物數也。從貝、口聲。籀文從鼎。

	篆文	宋體	古文	籀文	或體	其他	反切	韻部	說解
313		旃					諸延切	14	旗曲柄也所以旃表士衆從㫃丹聲。周禮通帛爲旃。或從亶。
323		克					苦得切	1	肩也，象屋下刻木之形。兩古文克。

339		枲					胥里切	1	麻也從朩台聲。籀文枲從林從辝。
357		冕					亡辨切	13古	大夫以上冠也，從冃免聲。冕或從糸作。
357		胄					直又切	3	兜鍪也從冃由聲。司馬法，胄從革。
344		宜					魚羈切	17	所安也，從宀之下一之上，多省聲。古文宜。
									古文不省多。
320		栗					力質切	12	栗木也從鹵木，其實下垂故從鹵。古文栗從西。從二鹵徐巡說木至西方戰栗也。

頁	字	反切	數	說解
320	粟	相玉切	3	嘉穀實也，從卤從米孔子曰粟之。爲言續也。
330	秋	七由切	3	禾穀孰也，從禾𪏰省聲。籀文不省。
324	稑	力竹切	3	疾孰也從禾坴聲。稑或從翏（毛詩作穋）。
334	粒	力入切	7	糂也從米、立聲。古文從食。
648	系	胡計切	16	縣也從系厂聲。系或從毄處。籀文系從爪雲絲。
577	雨	王矩切	5	水從雲下也一象天冂象雲水霝其間也。古文（象形）
330	秦	匠鄰切	12	伯益之後所封國地宜禾從禾舂省。籀文秦從秝。
341	家	古牙切	5 古	凥也從宀豭省聲。古文（段宊宨，古文應從豕）
342	宇	王榘切	5	屋邊也從宀亏聲。籀文宇從禹。
358	冒	目報切	3 古	冢而前也從冃目。古文冒。

	篆文	宋體	古文	籀文	或體	其他	反切	韻部	說解
345		窾					居六切	3	竆也從宀䈞聲。窾或從穴。
359		罬					陟劣切	15	捕鳥覆車也從网叕聲。罬或從車作。（車部另有輟）
369		企					去智切	16	舉踵從人止。古文企從足。（足止同物）
367		皤					薄波切	14	老人白也，從白番聲。皤或從頁。
367		白					旁陌切	5古	西方色也，侌用事……古文白。
366		帢			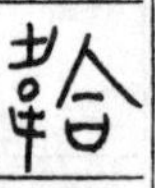		古洽切	7	士無市有帢……從市合聲。帢或從韋。
358		䍐					思沇切	14	网也從网巽聲。䍐或從足。
362		帙					直質切	12	書衣也從巾失聲。帙或從衣。
362		𢃔					古渾切	13	幒也從巾軍聲。𢃔或從衣。

395	390	371	393	361	393	374	371	359	360
襲	比	倓	表	帥	袗	仿	伊	䍖	罝
似入切	毗二切	徒甘切	陂矯切	所律切	之忍切	妃罔切	於脂切	縛牟切	子邪切
7	15	8	2	15	13	10	15	3	古5
左衽袍從衣龖省聲。籀文襲不省。	密也二人爲從反從爲比。古文比。	安也從人炎聲讀若談。倓或從剡。	上衣也從衣毛，古者衣裘故以毛爲表。古文表從麃（聲）	佩巾也從巾𠂤聲。帥或從兌聲。（帥率悅說帨刷通）	禪衣也一曰盛服從衣㐱聲。袗或從辰。	仿佛相佀，視不諟也從人方聲。籀文仿從丙（仿俩髣[扌方]放彷髣丙）	殷聖人阿衡也。古文伊從古文死。（以死爲聲）	覆車也，從网包聲。䍖或從孚作。	兎网也，從网且聲。罝或從組作。籀文從虘。

	篆文	宋體	古文	籀文	或體	其他	反切	韻部	說解
403		居					九魚切	5	蹲也從尸古聲。居俗從足。
421		頞					烏割切	15	鼻莖也從頁安聲。或從鼻曷。
420		顏					五姦切	14	眉之間也從頁彥聲。籀文。
416	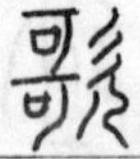	歌			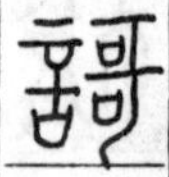		古俄切	17	詠也從欠哥聲。歌或從言。
395		衺					莫候切	4	衣帶以上從衣矛聲（一曰東西曰衺南北曰廣）。籀文從楙。
418	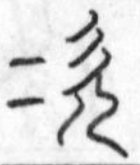	次					七四切	古 12	不前不精也，從欠二聲。古文次（象相次形）
408		方					府良切	10	併船也象兩舟省總頭形。方或從水。
407		履					力几切	15	足所依也，從尸服履者也從彳夂從舟象履形，一曰尸聲。古文從頁從足。
404		屋					烏谷切	3	尻也從尸尸所主也，一曰象屋形從至至所止也屋室皆從至。籀文從厂。古文即握字。

372		傀			公回切	15	偉也從人鬼聲。傀或從玉褱聲。
433		髡			苦昆切	13	鬀髮也，從髟兀聲。或從元。
436		色			所力切	1	顏气也，從人卪。古文（色）
418		㳄			敘連切	14	慕欲口液也從欠水。㳄或從侃。籀文㳄。
436		印			於棘切	12古	按也，從反印。俗從手。
437		旬			詳遵切	12	徧也，十日爲旬，從勹日。古文（注，從日勻，會意）
439		苟			已力切	1	自急敕也，從芊省從勹口勹口猶愼言也，從羊與義美同意。古文不省。
439		鬼			居偉切	15	人所歸爲鬼從儿由象鬼頭從厶……古文從示。
233		牆			才良切	10	垣蔽也從嗇爿聲。籀文從二來。
		牆					牆籀文從二禾。

	篆文	宋體	古文	籀文	或體	其他	反切	韻部	說解
444		岫					似又切	3	山有穴也。從山由聲。籀文從穴。
421		頰					古叶切	8	面旁也從頁夾聲。籀文頰。
258		植					常職切	1	戶植也從木直聲。或從置。
310		昔					思積切	5古	乾肉也從殘肉日以晞之與俎同意。籀文從肉。（今隸作腊）。
420		頂					都挺切	11	顚也從頁丁聲。或從首作。籀文從鼎。
202		巽					蘇困切	4古	具也從丌㔾聲。古文從幵。篆文。
215		凵					去魚切	5	凵盧飯器以柳作之象形。凵或從竹去聲。
202		典					多殄切	13古	五帝之書也從冊在丌上尊閣之也。古文典從竹。
203		巫					武扶切	5	巫祝也女能事無形以舞降神者象人兩褎舞形與工同意。

748		成					氏征切	11	就也從戊丁聲。古文成從午。
726		矛					莫浮切	3	酋矛也建於兵車長二丈。古文矛。
641	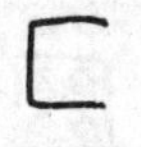	匚					府良切	10	受物之器象形讀若方。籀文匚。
593		閻			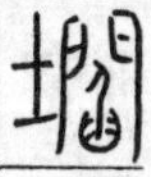		余廉切	8	里中門也，從門臽聲。閻或從土。
599		手					書九切	3	拳也象形。古文手。
598	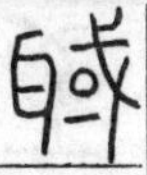	聝					古獲切	1古	軍戰斷耳也……從耳或聲。聝或從首。
592		戶					侯古切	5	護也半門曰戶象形。古文戶從木。
746		禹					王矩切	5	蟲也從厹象形。古文禹。
743		陴					符支切	16	城上女牆俾倪也從𨸏卑聲。籀文陴從𩫏。
644		甑					子孕切	6	甗也從瓦曾聲。籀文從弻。

	篆文	宋體	古文	籀文	或體	其他	反切	韻部	說解
620		婚					呼昆切	13	婦家也……從女昏，昏亦聲。籀文婚如此。
633		乂					魚廢切	15	芟艸也從丿乀相交。乂或從刀。
590		乙					烏拔反	15	燕燕乙鳥也齊魯謂之乙取其鳴自謼象形。乙或從鳥。
590		至					脂利切	12	鳥飛從高下至地也從一、一猶地也象形。……古文至。(古音讀如質)
577		電	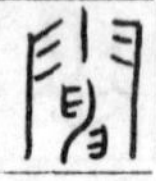				堂練切	12古	陰陽激燿也從雨從申。古文電。
74		逭					胡玩切	14	逃也從辵官聲(字亦作𧻚)逭或從雚從兆(段注，從兆者逃省雚聲)
63		嚴					語杴切	8	教命急也從吅𠪚聲。古文嚴。
275		師					疏夷切	15	二千五百人爲師從帀從𠂤，𠂤四帀衆意也。古文師。
109		鞀					徒刀切	2	鞀遼也從革召聲。招或從兆聲。

							鞀或從鼓兆。籒文鞀從殸召（注周禮以爲鞀字）
155	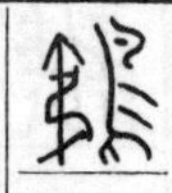	鶇			杜兮切	15	鶇胡汚澤也從鳥夷聲。鶇或從弟。
322		鼒			子之切	1	鼎之圜掩上者從鼎才聲。俗鼒從金茲聲。
61		吟			魚音切	7	呻也從口今聲。吟或從音。

二、篆文繁於古籀或字

13		瑁			莫報切	3	天子執瑁四寸，冒亦聲。古文、各本篆作玥，從目、惟玉篇作如上古文。
84		跀			魚厥切	15	斷足也從足月聲。跀或從兀。
78		衙			黃絢切	14	行且賣也。從行言衙或從园。依或字諧聲則在十二部。
42		菑			側詞切	1	不耕田也從艸田巛聲易曰不菑畬。或省艸作甾。
44		蕢			求位切	15	艸器也從艸貴聲。古文象形，論語有荷臾而過孔氏之門。

	篆文	宋體	古文	籀文	或體	其他	反切	韻部	說解
45		蒸					煮仍切	6	析麻中榦也從艸烝聲。或省火。
47		蓬					薄紅切	9	蒿也從艸逢聲。籀文蓬省作莑段注籀文作蓬。莑當作古文。
48		薅					呼毛切	3 古	拔田艸也從蓐好省。籀文薅省作𦵽。或從休。
754		酉					與久切	3	就也八月……象古文酉之形也。古文酉從丣。
643		曲					區玉切	3	象器曲受物之形也（俗作苖，笛）古文曲。
150		鷫					息逐切	3	鷫鷞也，從鳥肅聲。司馬相如說從叜聲。
70		邁					莫話切	15	遠行也，從辵萬聲。邁或從蠆。
640		瑟					所櫛切	12	庖犧所作弦樂也從珡必聲。古文琴。
665		縻					靡為切	17 古	牛轡也從糸麻聲。縻或從多。

73		達				徒葛切	15	行不相遇也從辵羍聲。達或從大。或曰迭異體（ ）。
75		邇				兒氏切	古15	近也從辵爾聲。古文邇作迩。
70		韙				于鬼切	15	是也從是韋聲。籀文韙從心。
72		返				扶版切	14	還也從辵反反亦聲。春秋傳返從彳（彳反）
68		歸				舉韋切	15	女嫁也從止婦省𠂤聲。籀文省（會意）
151		鷽				胡角切	3	雗鷽山鵲知來事鳥也從鳥學省聲。鷽或從隹。
91		詩				書之切	1	志也，從言寺聲。古文詩省。
106		爨				七亂切	14	齊謂炊曰爨𦥑象持甑冂為竈口廾推林內火。籀文省（段注爨古文）
92		謨				莫胡切	5	議謀也從言莫聲。古文謨從口。
76		道				徒皓切	3	所行道也，從辵首。一達謂之道 古文道從首寸。

	篆文	宋體	古文	籀文	或體	其他	反切	韻部	說解
86		嗣					祥吏切	1	諸侯嗣國也從冊口，司聲。古文嗣從子。
87		囂					許嬌切	2	聲也气出頭上從㗊頁，頁亦首也。囂或省作嚣。
72		徙					斯氏切	16	迻也從辵止。徙或從彳。
81		跟					古痕切	13	足踵也，從足𥃩聲。(踵或從踵)或從止。
79		齒					昌里切	1	口斷骨也，象口齒之形。止聲。古文齒(段獨體象形不加聲旁。)
640		無					武夫切	5	亡也，從亡𣞤聲。无奇字無也，通於元者虛無道也王育說天屈西北爲无
106		與					余呂切	5	黨與也，從舁与。(段注與當作与)与賜也。見P722
116		燮					穌叶切	8	和也從言又炎聲讀若溼。籀文燮從羊。(炎部有燮字)
99		誕					徒旱切	14	詞言誕也從言延聲。籀文誕省正。

頁	字	反切	部	說明
657	緹	他禮切	16	帛丹黃色也從糸是聲。緹或作衹。
686	卵	盧管切	14	凡物無乳者卵生象形。古卵讀如管。古文卵。
196	箇	古賀切	5古	竹枝也從竹固聲。箇或作个半竹也。
92	謀	莫俘切	1古	慮難謀也從言某聲。古文謀錯本作𠰓，蓋古文禮某也。
				古文謀上從母下古文言。
101	讕	洛干切	14	抵讕也從言闌聲。讕或從閒。
55	嗌	伊昔切	16	咽也從口益聲。籀文嗌 上象口下象頸脈理也。
110	⿰革爨	借官反	14	車衡三束也曲轅⿰革爨縛直轅[illegible]縛。或從革贊。
109	鞔	於袁切	14	量物之鞔一日抒井鞔古以革從革冕聲。鞔或從宛。
128	斆	胡覺切	3	覺悟也從敎冂冂尚矇也臼聲。學篆文斆省。（後人分前者胡孝反後者胡覺反）

	篆文	宋體	古文	籀文	或體	其他	反切	韻部	說解
111	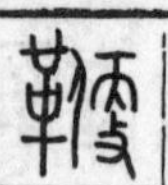	鞭					卑連切	14	毆也從革便聲。古文鞭（從亼攴）
54		釐					力之切	1	彊曲毛也可以箸起從犛省來聲。古文釐省。
136		脩					敕鳩切	3	眣也從目攸聲。脩或從丩。
50		釆					蒲莧切	14	辨別也象獸指爪分別也。惠棟以爲尙書平章百姓之平當作釆。
121		役					營隻切	16	戍也從殳彳。古文役從人。
161		叀					職緣切	14	小謹也從幺省。從屮屮財見也，田象謹形屮亦聲。
			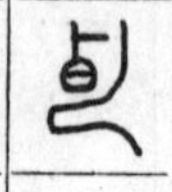						（段注，斤部古文，斷殳部叀皆從此。）
476		麗					郎計切	15	旅行也鹿之性見食急則必旅行。從鹿丽。（麗離儷驪麗耦也）
113		鬻					莫結切	15	從䰜機聲。（鉛本作糜）鬻或省從末。

說解

114		爲					薳支切	古17	母猴也其爲禽好爪下腹爲母猴王育曰爪象形。古文象兩母猴相對形。
718		鏦					楚江切	9	矛也從金從聲。或從彖。（非聲也。）
204		甚					常枕切	7	尤安樂也，從甘匹，匹耦也。古文甚（注從口猶從甘）
195		籃					魯甘切	8	大篝也從竹監聲。古文籃如此（段注未詳）
196		簠					方矩切	5	黍稷圜器也從竹皿甫聲。古文簠從匚夫。
155		鶬					七岡切	10	麋鴰也從鳥倉聲。鶬或從隹（[illegible]）
15		璊					莫奔切	14	玉䞓色也從王㒼聲。或從允。
123		[illegible]					而兗切	古14	柔韋也從北從皮省夐省聲。讀若耎，一曰若儁。
118		晝					陟救切	4	日之出入與夜爲介從畫省從日。
151		鶪					古闃切	16	伯勞也，從鳥具聲。百鷯博勞，伯勞音同也，作鳩雙聲假借字。

	篆文	宋體	古文	籀文	或體	其他	反切	韻部	說解
118		畫					胡麥切	16	介也，從聿象田四介聿所以畫之。古文畫（鍇本）
									亦古文畫（刀部亦有劃）
225		會					黃外切	15	合也從亼曾省曾益也。古文會如此。
229		矦					手溝切	4	從人，從厂象張布矢在其下。古文矦。
667		緦					息兹切	1	十五升抽其半布也……從糸思聲。古文緦從恖省。
681		蠭					敷容切	9	飛蟲螫人者從䖵逢聲。古文省。
126		敉					綿婢切	16	撫也從攴米聲讀若弭。敉或從人。
686		鼄					陟輸切	4	鼅鼄也從黽朱聲。鼄或從虫。
686		鼅					陟离切	16	鼅鼄鼅鼄蟊也從黽智省聲。或從虫

編號	字	反切	部	說解
316	霸	普伯切	5古	月始生魄然也。從月䨣聲。古文或作此。
317	期	渠之切	1	會也從月其聲。古文從日六（日猶時也，六聲）
317	明	武兵切	10古	從月囧凡明之屬皆從明。照也。
309	昌	尺良切	10	美言也從日從曰，一曰日光也。籀文。
682	蠹	當故切	5	木中蟲從䖵橐聲。蠹或從木象蟲在木中形。譚長說。
319	函	胡男切	7	舌也舌體㔾㔾從㔾象形，㔾亦聲（今作函）俗肣從肉今。
223	餐	七安切	14	吞也從食奴聲。餐或從水。
255	築	陟玉切	3	所以擣也從木筑聲。
236	舞	文撫切	5	樂也，用足相背從舛無聲。古文舞從羽亡。
642	匵	古送切	8	小桮也從匚贑聲。或從木。

	篆文	宋體	古文	籀文	或體	其他	反切	韻部	說解
234		麰					莫浮切	3	來麰麥也，從麥牟聲。麰從從艸。
220		爵					即畧切	2	禮器也，𠕋象雀之形中有鬯酒又持之也所以飲器象雀者。取其鳴聲節節足足也。
285		貧					符巾切	13	財分少也，從貝分分亦聲。古文從宀分。
398		襄					息良切	10	漢令解衣而耕謂之襄從衣㽥聲。古文（注不能得其會意形聲所在）
226		倉					七岡切	10	穀藏也，蒼黃取而臧之從倉省口象倉形仺奇字倉（注蓋從古文巨）
353		瘚					居月切	15	屰气也從疒從屰欠（欠猶氣也。）
344		寑					七荏切	7	臥也，從宀侵聲。籀文寑省。
355		癃		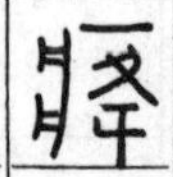			力中切	9	罷病也從疒隆聲。籀文癃省。（段疑作瘽）
425		𩑔					于救切	1	顫也從頁尤聲。𩑔或從疒。

392		量					呂張切	10	稱輕重也從重省曏省聲。古文量。
412		觀					古玩切	14	諦視也從見雚聲。古文觀從囧。
419		旡					居未切	15	歙食屰氣不得息曰旡從反欠古文旡。音聲當作於未切旡從小篆者，旡從古文者。隸作旡從古文小誤
457		長					直良切	10	久遠也從兀從匕。亡聲，兀者高遠意付久則變匕𠂒者到亡也。兩古文長。（又知丈切）

463		兕					徐姊切	15	如野牛青色其皮堅厚可制鎧與禽𥝢頭相同。古文從儿。
276		南					那含切	7 古	艸木至南方有枝任也從𣎵羊聲。古文（段按古，南男二字相假借）
418		歙					於錦切	7	歙也從欠酓聲。古文歙從今水。
									古文 歙 從今食（隸作飲不從今。）
441		畏					於貴切	15	惡也從甶虎省，鬼頭虎爪可畏也。古文省（下象爪形）

	篆文	宋體	古文	籀文	或體	其他	反切	韻部	說解
315		旅					力舉切	5	軍之五百人從㫃從从，从俱也。引申有衆陳之意 古文以爲魯衞之魯。
138									者下云，米，古文旅。
391		徵					陟陵切	6	召也從壬從微省壬微爲徵。 古文徵
532		沇					以轉切	14	沇水出河東垣東王屋山從水允聲。 古文沇如此。（隸變作兗）
562		涿				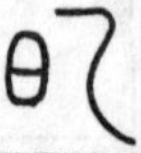	竹角切	古 3	流下滴也從水豖聲…… 奇字涿從日乙。
511		懋					莫候切	3	勉也從心楙聲（古文假茂字爲之）…… 或省
480		獮					息淺切	古 15	秌田也從犬璽聲。 獮或從示宗廟之田也故從豕示。
510		悟					五故切	5	覺也從心吾聲。 古文悟。
508		恕					商署切	5	仁也從心如聲。 古文省（從女聲）

510		懼					其遇切	5	恐也從心瞿聲。古文(上䀠，左右視也)
507		愼					時刃切	12	謹也從心眞聲。古文
507		剛					古郎切	10	彊斷也從刀岡聲。古文剛如此。
175		膫					洛蕭切	2	牛腸脂也從肉尞聲。膫或從勞省聲。
495		囪					楚江切	9古	在牆曰牖在屋曰囪象形。古文。
416		歠					才六切	3	蹴歠也從欠鼀聲。(又、子六切)俗歠從口從就。
501		奢					式車切	5古	張也從大者聲。籀文(奓侈)
165		殄					徒典切	12	盡也從歺㐱聲。古文殄如此。
476		兎					丑略切	2古	㲋獸也似兎青色而大，象形頭與兎同足與鹿同。籀文。
510		億					於力切	1	滿也從心啻聲。籀文省(上從言省。)

	篆文	宋體	古文	籀文	或體	其他	反切	韻部	說解
173		膌					資昔切	16	瘦也從肉脊聲。古文膌從疒朿朿亦聲。
180		筋					北角切	2	手足指節鳴也從筋省勺聲。或省竹。
484		羆					彼爲切	17古	如熊黃文從熊罷省聲。(古文從皮)
450		廟					眉召切	2	尊先祖皃也從广朝聲。古文。
188		衡					戶庚切	10古	牛觸橫大木從角大行聲。古文衡如此。
490		熾					昌志切	1	盛也，從火戠聲。古文。
211		虐					魚約切	2	殘也從虍爪人虎足反爪人也。古文虐如此。
285		邦					博江切	9	國也從邑丰聲。古文。
389		卓					竹角切	2古	高也早匕爲卓，匕卪爲卬皆同意。古文卓。段疑古文爲篆文之誤。

編號	字	反切	數	說解
113	鬻	余六切	3	鬻也從䰜毓聲。鬻或省從米。
189	觶	支義切	16	鄉飲酒觶從角單聲（觶受四升）觶或從辰。
196	簏	盧谷切	3	竹高匧也從竹鹿聲。簏或從彔。
200	篽	魚擧切	5	禁苑也從竹御聲。篽或作魰從又從魚。
206	虧	去爲切	17古	氣損也從亏雐聲。虧或從兮。（亏兮皆謂氣）
188	觵	古橫切	10古	兕牛角可以飲者也從角黃聲。俗觵從光。
566	漉	盧谷切	3	浚也，從水鹿聲，一曰水下皃也漉或從彔。考工記作「盝」。
330	䵒	尼質切	12	黏也從黍日聲（注與暱音義皆近）或從刃。
397	襱	丈冢切	9	絝踦也，從衣龍聲。襱或從賣。
329	稈	古旱切	14	禾莖也從禾旱聲。稈或從干作。

號	篆文	宋體	古文	籀文	或體	其他	反切	韻部	說解
274		麓					盧谷切	3	守山林吏也從林鹿聲。古文從彔。
384		侮	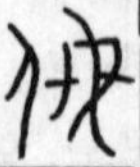					5	傷也從人每聲。小雅假務爲侮。古文從母（每聲在一部）
343		容					余封切	9	盛也，從宀谷聲（今字假爲頌）古文容從公。
324		稷					子力切	1	齋也五穀之長從禾畟聲（古假爲即爲昃）古文稷。
330		稯					子紅切	9	布之八十縷爲稯。從禾㚇聲。籀文稯省。
314		游					以週切	3	旌旗之流也從㫃汓聲（游或作旒）古文游。（俗作遊合二篆爲一字）
248		楮					丑呂切	5	穀也，從木者聲。楮或從宁。
325		齋					即夷切	15	稷也從禾脊聲。（字異於穧）
295		郢					以整切	11	故楚都從邑呈聲。郢或省。

392		監			古銜切	8	臨下也，從臥䘓省聲。古文監從言。
398		裔			余制切	15	衣裾也從衣㕯聲。古文裔。
431		𩭹			亡牢切	3古	髮至眉也從髟敄聲。紞髧优同或省漢令有髳長。（髦）
427		靦			他典切	14	面見人也從面見，見亦聲。或從旦（書作䩄）
408		服			房六切	1古	用也，一日車右騑所以舟旋從舟𠬝聲。古文服從人。
448		廐			居又切	3	馬舍也，從广𣪘聲，周禮214匹爲廏廏有僕夫。古文從九。
444		峻		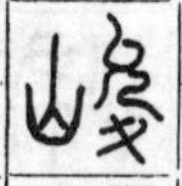	私閏切	13	高也，從山陖聲。陖或省（阜）。
362		幒			職茸切	9	幝也從巾悤聲一日帗。幒或從松。
561		淦			古暗切	7古	火入船中也從水金聲，一日泥也。或從今。
514		態				1	意態也從心能。能亦聲。或從人。

	268	475	519	483	475	505	496	468	505
篆文									
宋體	扈	麐	悑	鼨	麠	䇓	浾	䮔	竢
古文									
籀文									
或體					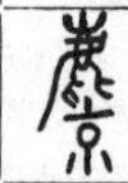				
其他									
反切	胡古切	居履切	普故切	職戎切	擧卿切	相俞切	勑貞切	之累切	牀史切
韻部	3	15	5	9	古 10	古 4	11	16	1
說解	夏后同姓所封……從邑戶聲。古文從山弓。	大麋也狗足從鹿旨聲。或從几。	惶也從心甫聲。或從布聲。	豹文鼠也從鼠冬聲。籀文省。	大麇也牛尾一角從鹿畺聲。或從京（如鱷或從京同。）	立而待也從立須聲。（今字作需須）。或從芻。	棠棗之汁也從赤水。或從正（聲）	馬小皃從馬垂聲讀若箠。籀文從𠂹。	待也，從立矣聲。或從巳。

編號	篆文	楷書	古文	或體	反切	部	說解
178		臇			子沇切	14	臛也從肉雋聲讀若纂。 臇或從火巽。
175		膍			房脂切	15	牛百葉也從肉𣬈聲。 膍或從比。
167		髀			幷弭切	16	股外也從骨卑聲。 古文髀如此。
182	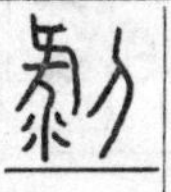	剝		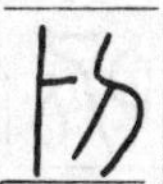	北角切	3	裂也從刀彔彔刻也彔亦聲。 剝或從卜。
305	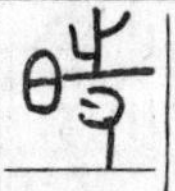	時			市之切	1	四時也從日寺聲。 古文時從日㞢作。
490		爟			古玩切	14	取火於日官名從火雚聲。……（權爟同） 或從亘。
272		槱			余救切	3	積木燎之也從木火酉聲。 禉或從示柴祭天神也。
251		栞			苦寒切	14	槎識也從木⿰天天，闕讀若刊。 篆文從幵。
606		捊			步侯切	3	引堅（聚）從手孚聲。 捊或從包。
711		⿰金𧯠			大口切	4	酒器也從金𧯠象形。 𧯠或省金。

	篆文	宋體	古文	籀文	或體	其他	反切	韻部	說解
712		鏶					秦入切	7	鏶也從金集聲。鍓或從咠（聲）
712		䥏					魚舉切	5	鉏䥏也從金御聲。䥏或從吾（古讀爲魚。）
622		姼					尺氏切	古17	美女也，從女多聲。姼或從氏。
494		黥					渠京切	古10	墨刑在面也。從黑京聲。或從刀作。
247		𣞤					乎化切	古5	𣞤木也，以其皮裹松脂從木虖聲。讀若華。或從蒦。
310		暱					尼質切	古1	日近也從日匿。（又音魚力切）或作尼。
214		𥁕					于救切	1	小甌也從皿育聲，從皿有聲讀若灰。一曰若賄。𥁕或從右。
621		妣					卑履切	15	歿母也從女比聲。籀文妣省。
751		𣊫					魚紀切		盛皃從孨從日讀若薿薿一曰若存（李善乃立切）籀文𣌭從二子，一曰𣌭即奇字「𣍘」。

709	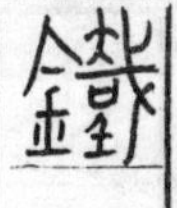	鐵			天結切	12	黑金也，從金戴聲。鐵或省。古文鐵從夷。
716		鐘			職茸切	9	樂鐘也……從金童聲……鐘或從甬。
752	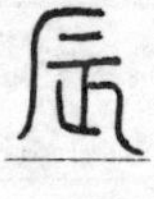	辰			植鄰切	古 13	震也三月……從乙匕……厂聲。古文辰。
704		黃			乎光切	10	地之色也從田炗聲。炗古文光。古文黃。
570		泰			他蓋切	15	滑也從廾水，大聲。古文泰如此。段按當作夳從大取滑之意也。
483		䶈			於革切	16	鼠屬從鼠益聲。或從豸作。
555		淵			烏懸切	12	回水也從水象形左右岸也中象水皃。淵或省水，古文從口水。
239		弟			特計切	15	韋束之次弟也從古文之象，凡弟之屬皆從弟。古文弟從古文韋者。(弟、革、民、皆各像其古文。)
597		聃			他甘切	7	耳曼也從耳冄聲。聃或從甘(聲)。
586	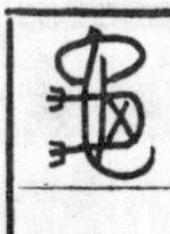	龜			居追切	古 1	舊也外骨內肉者也。古文龜(象形不從它)。

篆文	宋體	古文	籀文	或體	其他	反切	韻部	說解	
	巸					與之切	1	廣頤也從𦣞巳聲。(熙見491上) 古文巸從戶([illegible])段疑從尸。	599
	恆					胡登切	6	常也，從心舟在二之間上下心以舟施恆也。古文恆從月詩云，如月之恆。	687
	墺					於報切	3	四方之土可定凥者也從土奧聲。古文墺。	689
	封					府容切	9	爵諸侯之土地從之土從寸寸守其制度……籀文封從丰土。古文封省。	694
	疇					直由切	3	耕治之田也從田𠷎象耕田溝詰詘也。或省。	701
	垠					語斤切	13	地垠咢也從土艮聲。垠或從斤，(王畿可作王圻，王垠—段注)。	697
	蟊					莫浮切	3	蟲食艸根者從蟲弔象形。……蟊或從敄。古文蟊從虫從牟。	682
	飆					甫遙切	3古	扶搖風也從風猋聲。古文飆。字林作颮	684
	𧖅					巨鳩切	3	多足蟲也，從䖵求聲。𧊈或從虫。	682

682		蠡			盧啓切	16	蟲齧木中也從䖵彖聲。古文。
483		鼢			房吻切	13	地中行鼠伯勞所化也一曰偃鼠。從鼠分聲。或從虫分（蚡）
431		鬄			大計切	古 16	髮也，從髟易聲。或從也聲。
681		蠯			匹標切	16	蠯蛸也從䖵卑聲。或從虫。
681		𧓍		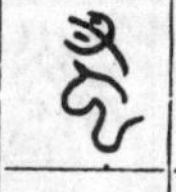	子皓切	古 3	齧人跳蟲也從䖵叉聲。叉古爪字。蚤或從虫。
432	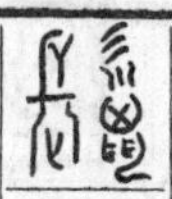	鬣			良涉切	8	髮鬣鬣也。從髟巤聲。鬣或從毛，或從豕。
682		蠢			尺尹切	13	蟲動也從䖵萅聲。古文蠢從𢦏。
676		蜦			力計切	13	它屬也……從虫侖聲讀若戾艸。（大徐音力屯切）蜦或從戾。
674		蜩			徒聊切	古 3	蟬也從虫周聲。蜩或從舟。（古周舟通用）。
674		蜙			息恭切	9	蜙蝑舂黍也以股鳴者從虫松聲。（又音思工切）蜙或省。

	篆文	宋體	古文	籀文	或體	其他	反切	韻部	說解
430		髮	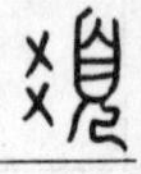				方伐切	15	頭上毛也，從髟犮聲。髟或𩠐
670		蠁					許兩切	10	知聲蟲也從虫鄉聲。司馬相如說從向。
654		繒					疾陵切	6	帛也從糸曾聲。籀文繒從宰省。（楊雄以爲宗廟書告也……）
652		縕					他丁切	11	緩也，從糸盈聲。讀與聽同。縕聲從呈。
666		纊					苦謗切	10	絮也從糸廣聲。……纊或從光。
666		綌					綺戟切	5古	粗葛也，從糸谷聲。綌或從巾。
650		繭					工殄反	14	蠶衣也，從糸從虫從芇。古文繭從糸見聲。
574	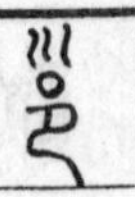	邕		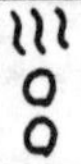			於容切	9	邑四方有水自邕成池者是也從巛邑，讀若雝。籀文邕如此。
576		𠗲					力膺切	6	仌出也從仌朕聲。（又音里孕切）𠗲或從夌。

580		鰖					徒巢切	17	魚子已生者也從魚隋聲。籀文鰖（陏籀文隓省一左）
327		穅					苦岡切	10	穀之皮也從禾米庚聲。穅或省作。
742		陳					直珍切	12	宛丘也……從𨸏從木申聲。古文陳。
574		州					職流切	3	水中可凥者曰州水匋繞其旁……古文州（此象前後左右皆水）
639		義					宜寄切	17 古	己之威義也從我從羊。墨翟書義從弗……
578		霰					穌甸切	14	稷雪也從雨散聲。霰或從見。
606		摕					大結切	15	撮取也從手帶聲。……摕或從折從示……
632		姦					古顏切	14	厶也從三女。古文姦從旱心。
757		醵					其虐切	5 古	會飲酒也從酉豦聲。或從巨。
607		撫					芳武切	5	安也，從手無聲一曰揗也。古文撫從亡。

編號	篆文	宋體	古文	籀文	或體	其他文體	反切	韻部	說解
713	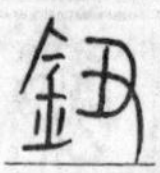	鈕					女久切	3	印鼻也從金丑聲。古文鈕從王。
714		銳					以芮切	15	芒也，從金兌聲。籀文銳從厂剡。
714		鏝					母官切	14	鐵杇也，從金曼聲。鏝或從木。
147		羍					他未切	15	小羊也從羊大聲。讀若達。羍或省（羊有仁義禮之德，故從人）
723		且					子余切	古5	所以薦也，從几足有二橫，一其下地也。（又千也切）古文以爲且，又以爲几字。
647		彈					徒案切	14	行丸也從弓單聲。或說彈從弓持丸如此。
739		陟					竹力切	1	登也，從𨸏步。古文陟。
652		繼					古詣切	15	續也，從糸𢇍。繼或從𢇍反𢇍爲𢇍。
650		糸					莫狄切	16	細絲也。象束絲之形，讀若硯。古文糸。

	篆文	楷書	古文	籀文	或體	反切	等	說明
627		姷				于救切	古 1	耦也從女有聲讀若祐。姷或有人。
750		孟				莫更切	古 10	長也從子皿聲（尒疋孟，勉也借孟爲猛）古文孟如此。
755		醮				子肖切	2	冠娶禮祭從酉焦聲。醮或從示。
700	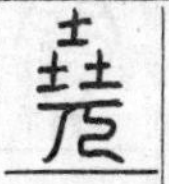	堯	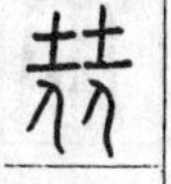			吾聊切	2	高也，從垚在兀上高遠也。古文堯。
273		柙				烏匣切	8	檻也所以臧虎兕也，從木甲聲。（廣韵胡甲切）古文柙。
251		樹				常句切	4	木生植之總名也，從木尌生。籀文（從豆從豈（壴）有直意。）
238	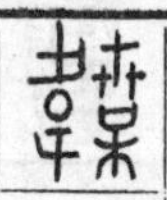	韘				失涉切	8	射決也所以拘弦以象骨韋系……。從韋枼聲。韘或從弓。
391		望				無效切	10	月滿也，與日相望，似朝君。從月從臣從壬朝廷也。古文望省。
240		椉				食陵切	6	覆也，從入桀桀黠也軍法入桀曰椉。古文椉從几。
234		竢				牀史切	1	竢或從彳（韻書俟竢訓竢非也）從來矣聲。

	篆文	宋體	古文	籀文	或體	其他	反切	韻部	說解
204		猒			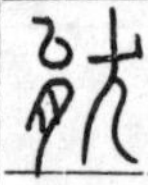		於監切	7 古	飽也足也從甘肰。猒或從以。
210		豐					敷戎切	9	豆之豐滿也豆象形。古文豐。
204		曶					呼骨切	15	出气 詞也，從曰 象气出形。（俗作曶忽行曶廢）籀文曶（從口）一曰佩也象形。
191		微					無非切	15	竹也從竹微聲。籀文從微省。
208		鼛					徒合切	7	鼛聲也從鼓合聲。古文鼛從革（段按革部有此字別訓）
343		寶					博皓切	3 古	珍也從宀玉貝缶聲。古文寶省貝（古文作珤，廣韻）
418		歠					昌說切	17	飲也從歓省。或從口從夬。（聲也）（許劣切）
388		眞					側鄰切	12	僊人變形而登天也，從七目乚。八所以乘載也。
428		剬					沇二切	14	截首也從斷首。或從刀專聲。

98		䛌				大牢切	3 古	往來言也一曰小兒未能正言也，一曰祝也，從言匋聲。䛌或從包。
32		蔦				都子切	2	寄生草也，鳥聲。或從木。
325		秫				食事切	15	稷之粘者從朮象形。秫或省禾。
134		睦				莫卜切	3	目順也從目坴聲一曰敬和也。古文睦。
24		薇				無非切	15	菜也似藿。從艸微聲。籀文薇省。
745		五				疑古切	5	五行也，從二（象天地）陰陽在天地間交午也。古文五如此。
744		四				息利切	15	侌數也象四分之形。古文四如此。籀文四。
2	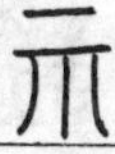	示				神至切	15 古	天垂象見吉凶，所以示人也，從二，三垂日月星也…。古文示。
34		⿱艹剡				土敢切	8	萑之初生一曰薍，一曰騅，從艸剡聲。或從炎。（經典皆作菼。）
33		蘜				居六切	3	日精也以秋華從艸𥷚省。或省作菊。

編號	篆文	宋體	古文	籀文	或體	其他	反切	韻部	說解
283		貳					而至切	15	副益也，從貝弍聲。古文弍。
101		譙					才肖切	2	嬈譊也從言焦聲讀若嚼。古文譙從肖周書曰亦未敢誚公。
2		禮					靈啓切	15	所以示神致福也。從示從豊豊亦聲。古文禮。

三、古籀與篆文繁簡相當

編號	篆文	宋體	古文	籀文	或體	其他	反切	韻部	說解
517		怛					得案切	14	憯也從心旦聲。(又音當割切15部)怛或從心在旦下。詩曰信誓旦旦。
319		多					得何切	17	緟也從緟夕。夕者相繹也故爲多……。古文並夕
709		金					居音切	7	五色金也黃爲之長…西方之行。古文金。
3		禋					於眞切	13 古	絜祀也，一日精意以享爲禋從示垔聲。籀文從宀。
9		王					雨方切	10	天下所歸往也……古文王。

161	163	20	56	71	74	747	75	616	622

玄	歺	中	喟	造	近	甲	逖	拲	奴
					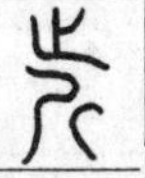				

胡涓切	五割切	陟弓切	丘貴切	七到切	渠遴切	古狎切	他歷切	居竦切	乃都切
12	15	9	15	3	13古	8	16	9	5
幽遠也象幽而入覆之也，黑而有赤。。色者爲园。	𡿪骨之殘也從半冎。古文歺。	內也從口丨，下上通也。古文段以爲可疑。	大息也，從口胃聲。喟或從貴。	就也從辵告聲。譚長說造上士也。古文造從舟。	附也從辵斤聲。古文近作（芹）	東方之孟昜气萌動……古文甲始於一……	遠也，從辵狄聲。古文逖作逷。	兩手共同械也從手共聲。拲或從木（拱字異義）	奴婢皆古罪人周禮曰其奴男子入于罪……從女又。古文奴。

	篆文	宋體	古文	籀文	或體	其他	反切	韻部	說解
609		揚					與章切	10	飛擧也從昜聲。古文揚從攴。
633		民					彌鄰切	12	衆萌也從古文之象。凡許書有從古文之形者四，革，弟，民酉是。（見革下）。古文民
105		戴					都成切	1	分物得增益曰戴從異𢦏聲。
108		韗					王問切	13	攻皮治鼓工也從革軍聲讀若運。韗或從韋。
576		冬					都宗切	9	四時盡也從仌從夂夂古文終。古文冬從日。
759		尊					祖昆切	13	酒器也從酋廾以奉之。……尊或從寸。此與寺從寸同，有法度者也。
99		謣					羽俱切	5	妄言也從言雩聲。謣或從荂（段注玉篇云同譁）
575		覛					莫獲切	16	衺視也從𠂢從見（覛脈）籀文。
57		君					擧云切	13	尊也從尹口，口以發號。古文象君坐形（段小徐本作）

102	謑	胡禮切	16	謑詬恥也，從言奚聲。謑或從奊。
128	卜	博木切	3	灼剝龜也，象炙龜之形一曰象龜兆之縱橫也。
98	䜌	呂貝切	14	亂也，一曰治也，一曰不絕也，從言絲。古文䜌。
598	聞	無分切	14	知聲也從門耳。古文從昏（聲）
128	𠧞	治少切	2	灼龜坼也，從卜兆象形。古文𠧞省。
129	爽	疏兩切	10	明也從㸚大。篆文爽。
63	𤕫	女庚切	10	亂也從爻工交吅、讀若穰。
683	風	方戎切	7	八風也從虫凡聲……古文風。
580	雩	羽俱切	5	夏祭樂於赤帝以祈甘雨也從雨亏聲。雩或從羽雩舞羽也。（翌雩䨁）
148	羌	去羊切	10	西戎羊種也從羊儿羊亦聲。古文羌如此。

	篆文	宋體	古文	籀文	或體	其他	反切	韻部	說解
191		簬	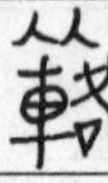				洛故切	5	箘簬也從竹路聲。古文簬從輅。
197		箑			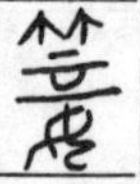		山洽切	8	扇也從竹疌聲。箑或從妾。
222		䭥					書兩切	10	晝食也，從食象也。䭥或從昜。
327		稃					芳無切	3古	𥢶也從禾孚聲。稃或從米付聲（注古假孚爲稃）。
358		罙					武移切	15古	网也，從网米聲。罙或從占。
359		罶					力九切	3	曲梁寡婦之笱魚所留也從网留。留亦聲。（或從婁）
340		瓞					徒結切	12	㼚也從瓜失聲。瓞或從弗（弟失雙聲，從弗誤）
364		席					祥易切	5古	藉也……從巾庶省聲。古文席從石省。
193		篗					王縛切	5	所以收絲者也從竹蒦聲。篗或從角閒。

196		篴					布园切	12	竹豆也從竹邊聲。籒文（注匚者籒文匚也）
190		觼					古穴切	15	環之有舌者從角夐聲。觼或從金矞。
165		殪					於計切	12 古	死也從歺壹聲。古文殪從死。
180		㓵					五各切	5	刀劍刃也從刀咢聲。籒文㓵從㓞各。
527		漢					呼旰切	14	漾也……從水難省聲。古文漢如此。
189		觴					式陽切	10	實曰觴虛曰觶從角煬省聲。籒文觴或從爵省。
519		惕					他歷切	16	敬也從心易聲。或從狄。
557		沙					所加切	17	水散石也從水少水少沙見……譚長說沙或從尐。
678		蠵					戶圭切	16	觽蠵大龜也以胃鳴者從虫巂聲。司馬相如說蠵從夐。
318		夤					翼眞切	12	敬惕也從夕寅聲，易曰夕惕若厲。籒文。

	篆文	宋體	古文	籀文	或體	其他	反切	韻部	說解
318	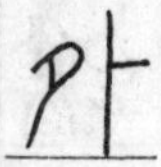	外	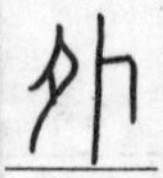				五會切	15	遠也，卜尚平旦，今若夕卜於事外矣。古文（卜古文作卜）
233		嗇					所力切	1	愛濇也從來㐭來者㐭而臧之故田夫謂之嗇夫。一曰棘省聲。古文嗇從田。
310		暴					薄木切	3	晞也從日出廾米。古文暴從日麃聲。（又音薄報切）
408		般					薄官切	14	辟也象舟之旋從舟從殳，殳令舟旋者也。古文般從攴。
602		扶					防無切	15	左也從手夫聲。古文扶從攴。
205	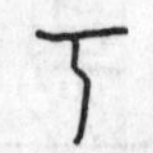	丂					苦浩切	3古	氣欲舒出ㄅ上礙於一也。丂古文以爲亏字又以爲巧字。前者形同義近，後者假借。
748		己					居擬切	1	中宮也象萬物辟藏詘形也，象人腹。古文己。
214		盧					洛乎切	5	盧飯器也從皿𠀜聲。籀文盧。
311		㫃					於幰切	14	旌旗之游㫃蹇之皃從屮曲而垂下㫃相出入也讀若偃，古人名㫃字子游。古文象旌旗之游。

305	日	日	⊙				人質切	12	實也，大昜之精不虧從○，一象形。古文象形。
283	賓	賓	賓				必鄰切	12	所敬也從貝𡧍聲。古文。
740	隫	隫	𧮭				徒谷切	3	通溝以防水者也從𨸏賣聲讀若洞。古文隫從谷。
218	青	青	岺				倉經切	11	東方色也，木生火，從生丹。古文青。
720	鑣	鑣			觻		補嬌切	2	馬銜也從金麃聲。鑣或從角。
582	鯾	鯾			鯿		房連切	11古	鯾魚也從魚便聲。或從扁。
461	𢑚	𢑚	𢑚				息利切	15	希屬從二希。古文𢑚，虞書曰𢑚類於上帝。
481	狂	狂	㤮				巨王切	10	狾犬也，從犬㞷聲。古文從心。
13	瑱	瑱			𥃝		陀甸切	12	以玉充耳也從王眞聲。或從耳。
162	𤔔	𤔔	𤔔				郎段切	14	治也幺子相亂ㄗ治也讀若亂同。一曰理也。

號	篆文	宋體	古文	籀文	或體	其他	反切	韻部	說解
117	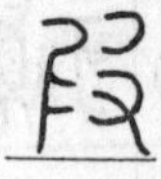	叚					古雅切	5古	借也，闕。古文叚。
20		壻					穌計切	16	夫也，讀與細同，從士胥。或從女（詩曰，女也不爽士貳其行士者夫也。）
117		事					鉏史切	1	職也，從史㞢省聲。古文事（錯曰此則之不省）
22		莊	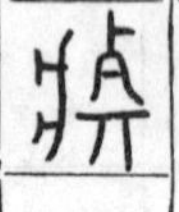				側羊切	10	上諱。當曰艸大也從艸壯聲。段古文[illegible]，當是奘之譌古文士或作[illegible]譌爲[illegible]也。
633		也					余爾切	16·17間	女陰也從乁象形乙亦聲。又音余者切。[illegible]刻石也字。
37		荆					舉卿切	11	楚木也從艸刑聲。古文荆作[illegible]。
43		菧					纆伊切	15	菹也，從艸泜聲。或從皿。
2		帝					都計切	16古	諦也王天下之號從二朿聲。古文帝，古文諸上字皆從一篆文皆從二二古文上字。
56		唾（唾）					湯臥切	17	口液聲，從口𡍮聲。唾或從水。

89	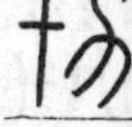	𠡥	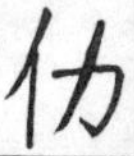	盧則切	1	材十人也（段注仂本作𠡥）從十力，力亦聲。
157		鵒		余蜀切	3	鴝鵒也從鳥谷聲。鵒或從佳臾。
65	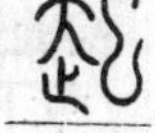	起		墟里切	15	能立也從走巳聲。（從戊己之己，非也）。古文起從辵。
58		嘯		穌弔切	3 古	吹聲也從口肅。籀文嘯從欠。
118		肅		息逐切	3	持事振敬也從聿在𣶒上戰戰兢兢也。古文肅從心卪。
126	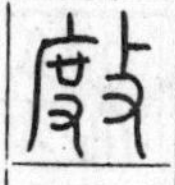	𢾾		徒古切	5	閉也從攴度聲讀若杜。𢾾或從刀。
125		赦		始夜切	5 古	置也從攴赤聲。赦或從亦。
59		周		職留切	3	密也從用口。古文周從古文及。
125		攸		以周切	3	行水也，從攴從人水聲。秦刻石嶧山石文攸字如此。
62		呦		伊虯切	3	鹿鳴聲也從口幼聲。呦或從欠。

	篆文	宋體	古文	籀文	或體	其他	反切	韻部	說解
59		唐					徒郎切	10	大言也，從口庚聲。古文唐從口昜（亦形聲）
50		悉					息七切	12	詳盡也從心釆。古文從心囧會意（段）
362		帷					洧悲切	15	在旁曰帷從巾佳聲。古文帷（鍇曰從匚象周帀）
327		穟					徐醉切	15	禾采之皃從禾遂聲。穟或從艸。
223		餔					博狐切	5	申時食也，從食甫聲。籀文餔從皿浦。
335		𥻆					駈六切	3	酒母也從米𥻆省聲。𥻆或從麥鞠省聲。作麴或從米或從麥均可。
175		腆					他典切	12	設膳腆腆多也（腆厚善也，古文以殄爲腆）從肉典聲。（古文從日誤玉篇作[illegible]）。
164		殂					昨胡切	5	往死也從歺且聲。古文殂從歺從作
166		死					息姊切	15	澌也，人所離也從歺人。古文死如此。

214	盎	烏根切	10	盆也從皿央聲。盎或從瓦（作瓮）。
516	怨	於願切	14	恚也從心夗聲。古文（有作昂或惌者）
507	悳	多則切	1	外得於人內得於己也從直心。古文。
178	𦙶	阻史切	1 古	食所遺也從肉仕聲。楊雄說𦙶從朿。
173	胗	之忍切	13	脣瘍也，從肉㐱聲。籒文胗從疒。
491	燅	徐鹽切	7	於湯中爚肉也，從炎從熱省（爚當作鬻，瀹）或從炙作。
697	垝	過委切	16	毀垣也從土危聲。垝或從𨸏。
698	𡒄	呼訝切	5 古	坼也（注與罅音義同）從土虖聲。𡒄或從𨸏。
632	媿	俱位切	15	慙也從女鬼聲。媿或從恥聲。
74	遂	徐醉切	15	亡也，從辵㒸聲。（段注，古文不得其所從）

	篆文	宋體	古文	籀文	或體	其他	反切	韻部	說解
749		癸					居誄切	15	冬時水土平可揆度也象水從四方流入地中形。籀文從𣥠從矢。
759	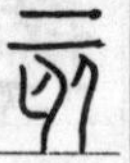	亥					胡改切	1	荄也，十月微昜起接盛侌從二、二古文上字也，一人男一人女也，從乚象裹子咳咳之形也。
									古文亥，亥爲豕，與豕同。
459		豕					式視切	15	彘也竭其尾故謂之豕，象毛足而後有尾。古文與亥同字。
132	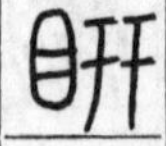	䀢					苦兮切	16	蔽人視也從目幵聲讀若攜一曰直視也。䀢目或在下。
1	𠄞	上				丄	時掌切	10 古	高也此古文上指事也，（又音時亮切）篆文。
2	𠄟	下				丅	駕二切	5 古	（作丅後人所改）。底也，從反二爲二。篆文下。
242		李					良止切	1	李果也從木子聲。古文。

四、篆下古籀或字音義本同，後世析爲二義

55	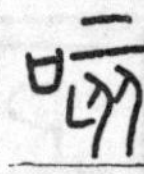	咳	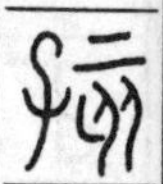	戶來切	1	小兒笑也，從口亥聲。古文咳從子（作孩）
471		驅		豈俱切	4	驅馬也從馬區聲（俗作駈）古文驅從攴。
372		份		府巾切	13古	文質備也，從人分聲論語「文質份份」古文作彬，從彡林林者從焚省聲（彡毛飾畫文也）
400		襭		胡結切	12	以衣衽扱物謂之襭從衣頡聲（今字用「擷」不從衣）襭或從手。
226		全	 	疾緣切	14	完也從入從工。篆文全從王、純玉曰全。古文仝（[illegible]）
402		裘		巨鳩切	1古	皮衣也，從衣象形與衰同意。古文裘。
424		頫		方矩切	13.14古	低頭也從頁逃省（俛勉頫音同）（玉篇音靡卷切）。頫或從人免。
201		箕	 	居之切	1	所以簸者也從竹甘象形丌其下也。古文箕。籀文箕。
			 			古文箕。籀文箕。
						亦古文箕。

	篆文	宋體	古文	籀文	或體	其他	反切	韻部	說解
224		饕					土刀切	2	貪也從食號聲。俗饕從口刀聲，籀文饕從號省。
615		抗					苦浪切	10	扞也從手亢聲。抗或從木。
346		呂					力舉切	5	脊骨也象形，昔大嶽爲禹心呂之臣故封呂侯。篆文呂從肉旅聲。
576		冰					魚陵切	6	水堅也從水仌。俗冰從疑。
375		儐					必刃切	12	導也，從人賓聲。儐或從手。
195		簋					居洧切	古3	黍稷方器也，從竹皿皀。（又作殷）古文簋從匚食九。
									古文簋從匚軌。
									亦古文。
203		巨					其呂切	5	規巨也從工象手持之。巨或從木矢，矢者其中正也。

362	常	市羊切	10	下帬也從巾尙聲。常或從衣。
336	氣	許既切	5	饋容之芻米也，從米气聲。氣或從既，或從食。
		—		
580	雲	王分切	13	山川氣也從雲象回轉之形。古文省雨。
				亦古文雲。
611	拓	之石切	古 5	拾也，陳宋語，從手石聲。拓或從庶。
637	或	于逼切		邦也從口，戈以守其一、一、地也、或或從土。
652	續	似足切	3	連也從糸賣聲。古文續從庚貝。
654	終	職戎切	9	絿絲也從糸冬聲。(按絿急也)古文終。
664	絥	平秘切	古 1	車絥也從糸伏聲。絥或從艸，或從革葡聲。

篆文	宋體	古文	籀文	或體	其他	反切	韻部	說解
745 	逵					渠追切	3古	九達道也……從九首（首猶向也）馗或從辵坴馗高也，故從坴。
684 	它					託何切	17	虫也從虫而長象冤曲𠂹尾形，上古艸居患它，故相問無它乎。它或從虫。（今蛇它異義）
221 	餈					疾資切	15	稻餅也從食次聲。餈或從齊。
								或從米。
250 	松					祥容切	9	松木也，從木公聲。松或從容（㮤非作榕）。
158 	鵲					七削切	5古	鵲也象形。篆文舄從隹從昔。
151 	鵻					職追切	15	祝鳩也從鳥隹聲。鵻或從隹一。
554 	瀾					洛干切	14	大波爲瀾從水闌聲。瀾或從連。
197 	𥫍					胡誤切	5	可以收繩者也，從竹象形象人手所推握也。𥫍或省（段當作古文）。

149	鳳			馮貢切	古 7	神鳥也天老曰鳳之像也麐前鹿後蛇頸魚尾龍文龜背燕頷雞喙，五色備擧…從鳥凡聲。
						古文鳳象形，鳳飛羣鳥從萬數故以爲朋黨字。
642	匡			去王切	10	飯器筥也從匚𡈼聲。匡或從竹。
642				苦叶切	8	[illegible]藏也從匚夾聲。匧或從竹。
591	西			先稽切	古 13.12	鳥在巢上也象形，日在西方而鳥棲故以爲東西之西。或從木。古文籀文。
158	烏			哀都切	5	孝鳥也，孔子曰烏亏呼也。象形。古文烏象形。
						象古文烏省。(段經多用于傳多用於，烏鳥不用此字)

五、增減移易字畫使之譌變

106	要			於消切	2	身中也象人𦥑自臼之形從臼。古文變爲「要」字段注。音於笑切。
104	對			都隊切	15	應無方也，從丵口從寸。對或從士。漢文帝以爲責對而面言，多非誠對故去其口以從士也。

	篆文	宋體	古文	籀文	或體	其他	反切	韻部	說解
77		得					多則切	1	行有所得也，從彳㝵聲。古文省彳。
77		退					他內切	15	卻也從彳日夂。復或從內。古文從辵。
87		舐					神紙切	16	以舌取食也，從舌易聲。舓或從也。
72		遷					七然切	14	登也從辵䙴聲。古文遷從手西。
460	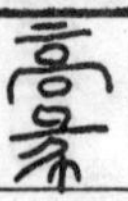	豪					乎刀切	2	豪豕鬣如筆管者出南郡從希高聲。篆文從豕。
73		送					蘇弄切	9	遣也從辵㑞省。籀文不省。
103		業					魚怯切	8	大版也所以飾縣鐘鼓捷也如鋸齒以白畫之象其鉏鋙相承也從丵從巾，巾象版（俗作牒）。
102		善				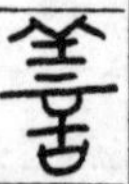	常衍切	14	吉也從誩羊此與義美同意 篆文從言（段注譱應爲古文）
186		䎥					羽文切	13	除苗閒穢也，從耒員聲。耘或從芸。

476		𪋻		直珍切	12	鹿行揚土也。（今字作塵）籀文（揚土上散故從二土在上）
438		複		扶富切	3	重也，從勹復聲。（廣韻匹北切）或省彳。
391		臮		其洎切	15	衆與詞也從乑自聲。古文曁。（今字作曁）
519		𢟙	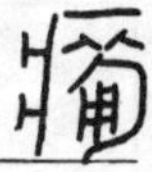	蒲拜切	15	𢟙也，從心葡聲。𤺊或從疒。俗作憊。
505		囟	 	息進切	12	頭會𡿺蓋也象形。或從肉宰。古文囟字。
519		恐		丘隴切	9	懼也從心巩聲。古文。
445		崩		方滕切	6	山壞也，從山朋聲。古文從𨸏。
366		紱		分勿切	15	韠也上古衣蔽前而已市以象之從巾象連帶之形。篆文市從韋從犮。（韍廢綬紱字出）。
429		㐱	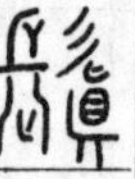	之忍切	12	稠髮也從彡人聲。㐱或從髟眞聲。（鬒或體）
438		匈		許容切	9	膺也從勹凶聲。（今字作胸）。匈或從肉。

重文彙集

	篆文	宋體	古文	籀文	或體	其他	反切	韻部	說解
232		覃					徒含切	7古	長味也，從㫗鹹省聲。古文覃，篆文覃省。
231		享					許兩切	10	獻也，從高省曰象孰物形。篆文亯。
232		純				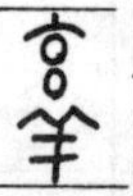	常倫切	13	孰也從亯芊讀若純一曰鬻也。
567		漿	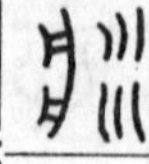				即良切	10	酢漿也從水將省聲。古文漿（從爿聲。）
501		鞫					居六切	3	窮治罪人也從㚔人言（鞫供一也）或省言。
335		糟					作曹切	3古	酒滓也從米曹聲。籀文從酉。
487		爛					郎旰切	14	火孰也從火蘭聲。或從閒（詩蕳即蘭）
561		溯					桑故切	5	逆流而上曰溯洄溯向也，水欲下達者而上也。從水㡿聲。或從辵朔。
232		厚	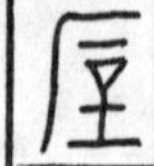				聲胡切	4	山陵之㫗也，從厂從㫗（篙㫗也）古文厚從后土。

333		黏			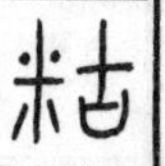		戶吳切	5	黏也從黍古聲。俗作糊。黏或從米作。
343		寂			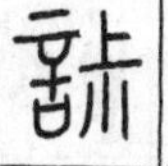		前歷切	3古	無人聲也從宀尗聲。寂或從言。
303		巷					胡絳切	9	里中道也從𨛜言在邑中所共。篆文從邑省。(今作巷)
375		備					平秘切	1古	愼也從人葡聲。古文備。
233		鄙					方美切	15	嗇也，從亩，亩受也。古文啚如此。
230		廳					去潁切	11	小堂也，高或從广頃聲（作廎宋人以爲亭字，段按卽廳字）。
236		舜					舒閏切	13	舜艸也楚謂之葍秦謂之藑蔓地生而連華象形從舛，舛亦聲（舜俊同山海經作帝俊）
390		丘					去鳩切	1古	土之高也，非人所爲也從北從一，一地也。古文從土。
235		夏					胡雅切	5古	中國之人也從夊從頁從𦥑𦥑兩手夊兩足也。古文夏
318		夙					息逐切	3	早敬也從丮夕（宿字見p 344）古文夙（谷部㐁讀若導）

	篆文	宋體	古文	籀文	或體	其他	反切	韻部	說解
			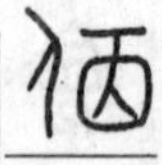						古文（古文宿從㐁聲）
749	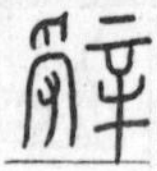	辤					似茲切	1	不受也從受辛，受辛宜辤之也。籀文辤。
749		辭					似茲切	1	說也從𤔔辛𤔔辛猶理辠也。籀文辭從司。
577		雷					魯回切	15	靁昜薄動生物者也，從雨畾象回轉形。籀文雷間有回回靁聲也。
									兩古文雷。
579		霧					亡遇切	3古	地氣發天不應曰霧從雨敄聲。籀文霧省。
706		强					其兩切	10	迫也從力強聲。古文從彊。
206		恂					思允切	12	驚詞也從兮旬聲。[illegible]或從心。
179		肎					苦等切	6	骨間肉肎肎箸也從肉從冎省。一曰骨無肉也。（今字作肯）。

261		鎒				奴豆切	3	薅器也從木辱聲。或作從金（鎒）
580		陰	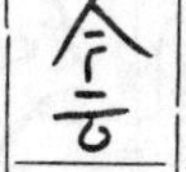			於今切	7	雲覆日也從雲今聲。（小篆作霒易，今人作陰陽）古文陰省聲。
								古文陰。
401		衰				穌禾切	17	艸雨衣秦謂之萆從衣象形。古文衰。
404		臀			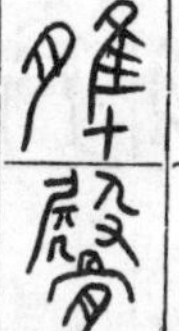	徒魂切	13	髀也，從尸下丌尻几。或從肉隼，或從骨殿聲。
4		柴	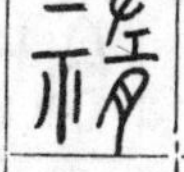			仕皆切	15 16	古文柴作䅣從隋聲。燒柴尞祭天地從示，此聲。
144		雁				於陵切	6	雁鳥也從佳人瘖省聲。籀文雁從鳥。
702		畝				莫后切	1 古	六尺爲步百步爲畮，秦田240步爲畮。畮或從十久。
664		繁				附袁切	14	馬髦飾也從糸每。緐或從䋣，䋣籀文弁。
758	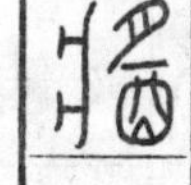	醬	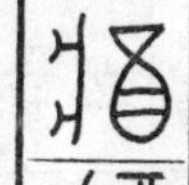			即亮切	10	醢也從肉酉酒以龢醬也爿聲。古文醬如此。

六、古籀或字二個以上，其一繁，其一簡者

編號	篆文	宋體	古文	籀文	或體	其他	反切	韻部	說解
603		扼					於革切	16	把也從手鬲聲。搹或從戹（隸變作扼）
412		視					神至切	15	瞻也從見示聲。古文視。

410		弁					皮變切	14	冕也……從皃象形。或弁字。籀文覍從廾上象形。
337		舀					以沼切		抒臼也從爪臼。舀或從手宂。或從臼宂。

345		宄					居洧切	3	姦也，外爲盜內爲宄，從宀九聲。古文宄。
									亦古文宄。

六、古籀或字二個以上，其一繁，其一簡者

369	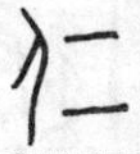	仁		如鄰切	12	親也從人二。古文仁從千心作。
			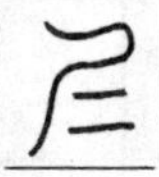			古文仁或從尸（古文夷亦如此）
369		保		博褒切	3 古	養也從人𤓽省聲。𤓽古文孚。古文不省。
						古文。
116		及		巨立切	7	逮也從又人。古文及，乁秦刻石卽如此。
						亦古文及，（段按凡字從此）
						亦古文及（左從辵，右蓋從筆）
128		教		古孝切	2	上所施下所效也從攴𡥈。
						亦古文教。
221		飪		如甚切	7	大孰也，從食壬聲。古文飪（從肉）

篆文	宋體	古文	籀文	或體	其他	反切	韻部	說解
								亦古文餁（字作恁）（段以爲後人增）
222	饎					昌志切	1	酒食也從食喜聲。饎或從巸。
								饎或從米。
505	普					他計切	12古	廢也一偏下也從竝白聲。或從曰，或從兟從曰。
496	經					勑貞切	11	赤色也，從赤巠聲。經或從貞，或從丁（聲）。
460	希					羊至切	15	脩豪獸一曰河内名豕從彑下象（隸脩豪希肆）毛足讀若弟（顏師古，豪豬一名希）。
238	𩏧					即由切	3	收束也，從韋樵聲讀若酋。𩏧或從要。
								𩏧或從秋手。
73	遲					直尼切	15	徐行也，從辵犀聲。遲或從𡰥(追)。籀文遲從屖。

六、古籀或字二個以上，其一繁，或一簡者

編號	篆文	楷書	古籀或體	古籀或體	古籀或體	反切	部	說解
								另有徲字，音遲，久也段·𢓊夂P77。
11		璿				似沿切	14	美玉也，從王睿聲。或從旋省。
220		饙				府文切		脩飯也，從食桒聲。餴或從賁。

6		禱				都浩切	3古	告事求福也從示壽聲。或省，籀文禱。
598		聵				五怪切	15	聾也從耳貴聲。或從𣦼，或從豙。
753	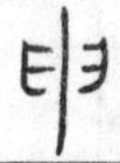	申				失人切	12	神也七月陰氣。古文申，籀文申。
707		勇				余隴切	9	氣也從力甬聲。勇或從戈用，古文勇從心。
669		彝	 			以脂切	15	宗廟常器也從糸糸綦也廾持之米器中實從彑，象形……。兩古文。

	篆文	宋體	古文	籀文	或體	其他	反切	韻部	說解
695		坻					直尼切	15	小堵也，從土氐聲。坻或從水從夂（聲）。或從水者（聲）。
724		斷					丁貫切	14	截也，從斤𢇍𢇍古文絕。（徒玩切14部）古文斷從皀皀古文叀字。（見叀下）。
									亦古文斷。
736		輗					五雞切	16	大車轅耑持衡者也從車兒聲，輗或從宜，又從木。
601		拜					博怪切	15	首至手也，從手𠦪。（今捧拜異音）古文𢱭從二手。揚雄說從兩手下。
648		弼					房密切	15	輔也從弜西聲。古文弼如此。
									亦古文弼。或如此。
630		妻		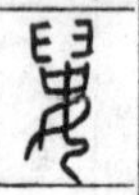			洛侯切	4	空也從母從中女。………籀文妻從人中女臼聲。古文妻如此。
698		壞	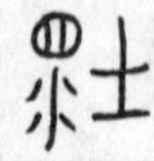				下怪切	15	敗也，從土褱聲。籀文壞從攴。古文壞省。

692		堂		徒郎切	10	殿也從土尚聲。古文堂如此。籀文堂從尚京省聲。
232		良		呂張切	10	善也從亯省亾聲。古文良。
						亦古文良。
						玉篇作筤。
116		厷		古薨切	6	臂上也從又從古文厷。ㄥ古文厷象形。肱左或從肉。
98		誖		蒲沒切	15	亂也，從言孛聲。誖或從心。籀文誖從二或。
93		信		息晉切	12	誠也，從人言。古文信省也。
						古文信（段注，言必由衷之音）
121		殺		所入切	15	戮也，從殳杀聲。古文殺。
						古文殺。籀文殺。

	篆文	宋體	古文	籀文	或體	其他	反切	韻部	說解

									段注，蓋卽杀字轉寫譌變加殳爲小。篆文殺。…… 篆之殺……
106		農					讀爲醲		耕人也，從農，囟聲。 籀文農從林。兩古文農。
									段注小徐從艸，大徐從林「農」見古文尚書。
10		瓊					渠營切	14古	亦玉也。 或從矞。
								0	或從瓗。 巂矞爲敻之入聲。
118		𦘥					羊至切	15	習也，從聿㣇聲。 籀文𦘥。篆文𨽸。(肄)
155		鶂					五歷切	16	鶂鳥也從鳥兒聲。(今字多作鷁) 鶂或從鬲司馬相如鶂從赤。
2		旁					步光切	10	溥也，從二，闕。 二古文旁，籀文。

341		宅			場伯切	古5	人所託尻也從宀乇聲。古文宅。
212		虡			其以切	5	鐘鼓之柎也飾爲猛獸從虍異象形其下足、虡或從金豦。篆文虡。今字作虡。篆文
351		疾			秦悉切	12	病也，從疒矢聲。籀文，古文疾。

七、現行楷書以古籀或篆爲正字，其字體繁於篆文者

81		齲			邱禹切	5	齒蠹也從牙禹聲。齲或從齒。
58		嘒			呼惠切	15	小聲也從口彗聲。或從慧。
105		兵			補明切	10	從廾持斤幷力之皃。古文兵從人廾干
137		省			息井切	11	視也從眉省屮。古文省從少囧。
144		鴟			處脂切	15	雖也從隹氐聲。籀文鴟從鳥。

	篆文	宋體	古文	籀文	或體	其他	反切	韻部	說解
22		芬					無文切	13	屮初生其香分布也從屮分聲。或從艸作芬。
451		砥			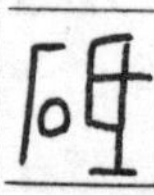		職雉切	15	柔石也從厂氐聲。厎或從石。
185		創					楚良切	10	傷也從刃從一。刅或從倉(俗變作刅或瘡，多用刱爲刱子)
263		罍					魯回切	15	龜目酒尊，刻木作雲雷象畾亦聲。櫑或從缶。
									或從皿。籀文從缶回。
480		斃					毗祭切	15	頓仆也從犬敝聲。……獘或從死。
361		裙					渠云切	13	從巾君聲。帬或從衣。
340		豉					是義切	15	配鹽幽尗也從尗支聲。俗敊從豆。
327		穗					徐醉切	15	禾成秀人所收者也。俗從禾惠聲。

七、現行楷書以古籀或篆爲正字，其字體繁於篆文者。

編號	楷書	切音	部首	說明
232	廩	力甚切	7	穀所振入也宗廟粢盛：從入◎象屋形。亩或從广稟。
347	竈	則到切	3古	炊竈也，從穴鼀省聲。或不省作（今字用或體）
441	誘	與久切	3	相訹呼也，從厶羑。或從言秀。或如此。古文與羑里之羑同見P148
50	審	式荏切	7	悉也，知寀諦也從宀釆。籀文寀從番。
317	盟	武兵切	10古	周禮國有疑則盟從囧皿聲篆文從明。古文從明。
472	馽	陟立切	7	絆馬足也從馬○其足…讀若輒。馽或從糸，執聲。
360	羈	莫駕切	5古	馬落頭也從网馽。馽，絆也。（落絡古今字。）羈或從革。
384	嫉	秦悉切	12	妎也從人疾聲。嫉或從女。
576	濬	私閏切	13	深通川也從𣦼谷𣦼殘（猶穿也）……㕡或從水。古文㕡。（與叡睿㕡音義皆近）
184	劓	魚器切	15	刖鼻也從刀臬聲。劓或從鼻。

	篆文	宋體	古文	籀文	或體	其他	反切	韻部	說解
410		貌					莫教切	2	頌儀也從几白象面形。皃或從頁豹省聲。籀文從豸。
230	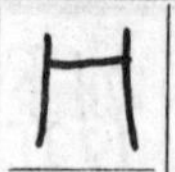	坰	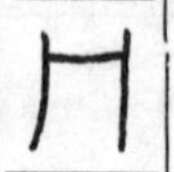		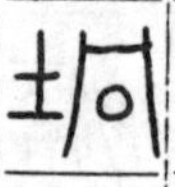		古熒切	11	邑外謂之郊郊外謂之野野外謂之林林外謂之冂象遠介也。古文冂從〇象國邑。或從土。
440		彪					密秘切	15	老物精也從鬼彡、彡，鬼毛。或從未。籀文從彖從尾省聲。
358		網					文紡切	10	庖犧氏所結繩以田以漁也從冂下象網交文。网或加亡，或從糸。
573		甽				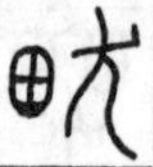	姑泫切	14	水小流也……（象形）古文𡿨從田川。篆文𡿨從田犬聲。
740		隓				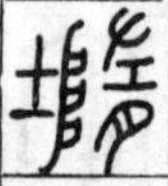	許規切	17	敗城𨸏曰隓從𨸏差聲。篆文（隓、墮、隳）。
599		𦣝					與之切	1	顄也象形。篆文𦣝。籀文從𩠐。
746	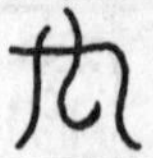	蹂					人九切	3	獸足蹂地也象形九聲尒疋曰……篆文𨁂從足從柔。
704		疆					居良切	10	界也從畕三其畫也。畺或從土彊聲。

694		壐		斯氏切	16 15	王者之印也以主土從土爾聲。籀文從玉。
657		綦		渠之切	1	帛蒼艾色也從糸畀聲（玉篇作綨）……綨或從其。
134		眴		許惟切	15	目也從目隹聲。旬或從目旬。
584		鰋		於憲切	14	鮀也從魚晏聲。鰋或從匽。
644		鑪		路乎切	5	𠙹也從甶虍聲讀若盧同。
585		鰂		昨則切	1	烏鰂魚也從魚則聲。鰂或從即（賊、鱡鰿鯽）
723		處		昌與切	5	止也從夂几夂得几而止也。處或從虍聲。
690		塊	塊	苦對切	15	墣也從土凵凵屈象形。俗甴字。
643		柩		巨救切	3	棺也從匚久聲。或從木。
74		遒		字秋切	3	迫也，從辵酉聲。迺或從酋。

	篆文	宋體	古文	籀文	或體	其他	反切	韻部	說解
19		靈					郎丁切	11	巫也以玉事神從王霝聲。或從巫。
180		腱					渠建切	14	筋之本也從筋省夗省聲。筋或從肉建。（餌篇韵作腱）
354	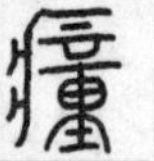	腫					時重切	9	脛氣腫從疒童音。（即足腫也）籀文（尰）又作瘇。
564		濂					力檢切	7	濂濂薄仌也或曰中絕小水，又曰淹也。從水兼聲。或從廉。
451		厲					力制切	15	旱石也，從厂蠆省聲。或不省。
八、以古籀或字爲現行書體，其文字較篆文簡省									
112		鬴					扶雨切	5	鍑屬也從鬲甫聲。鬴或從金父聲（除周禮外經典皆作釜）
45		折					食列切	15	斷也從斤斷艸譚長說。籀文折從艸在仌中仌寒故折，篆文折從手。
114		煮					章與切	5	亯也，從鬲者聲。煮或從火。

八、以古籀或字爲現行書體，其文字較篆文簡省

								灪鬻或從水。
113		鬻				諸延切	14	鬻也從䰜侃聲。⿴行鬲或從食衍聲。
		（飦）						鬻或從食干聲。
		（⿰食建）						鬻或從食建聲。
113		羹				古行切	10古	五味盉羹也從䰜從羔。羹或省。
								羹或從美䰜省。
								小篆從羔從美。
160		棄				詰利切	15	捐也從𠬞推華棄也，從𠫓𠫓逆子也。隸變作棄。石經碑作弃。
400		裸				郎果切	17	但也從衣𣎆。或從果（俗作臝致爲不通）多用或體裸。
461		豚				徒魂切	12	小豕也，從 古文豕從又持肉以給祠祀也。篆文從肉豕。

編號	篆文	宋體	古文	籀文	或體	其他	反切	韻部	說解
171		肩					古賢切	14	髆也從肉象形。肩俗肩從戶。
220		柜					其呂切	5	黑黍也一稃二米以釀從鬯矩聲。[illegible]或從禾（秬）
458		耐					如之切	1	罪而不至髡也從彡而，而亦聲或從寸諸法度字從寸。
222		饌					士戀切	14	具食也食算聲。饌或從巽。
342		院					胡官切	14	周垣也從宀奐聲。寏或從自完聲。
228		射					食夜切	5 古	弓弩發於身而中於遠也從矢從身。篆文䠶從寸法度也亦手也。
347		躬					居戎切	9	身也，從呂從身。俗從弓身。
356		療					力照切	2	治也從疒樂聲讀若勞。或從尞（聲）
396		袖					似又切	3	袂也從衣釆聲。俗褎從由（由聲）

514	惰	徒果切	7	不敬也從心嫷省聲。或省自。古文。
163	睿	以芮切	15	突明也從𣦼從目從谷省。籀文叡從土。
172	肢	章移切	16	體四胑也從肉只聲。胑或從支（肢）
461	蝟	于貴切	15	彙蟲也，似豪豬而小從希胃省聲。或從虫作。
474	法	方乏切	8	刑也，平之如水，從水，廌所以觸不直者去之從廌去。今文省。
489	烖	祖才切	1	天火曰烖從火𢦏聲（借菑或僞作蓄）或從宀火。籀文從巛，古文從才。（今字作災）
169	臚	甫無切	5	皮也從肉盧聲。籀文臚。（今字作膚）
271	𣡌	五葛切	15	伐木餘也從木獻聲。或從木辥聲（今經典用此字寫作櫱）
				古文𣡌從木無頭。
573	流	力求切	3	水行也從沝㐬。㐬突忽也。篆文從水。

	篆文	宋體	古文	籀文	或體	其他	反切	韻部	說解
683	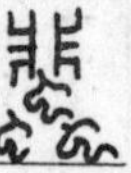	蜚					房未切	15	臭蟲負蠜也從蟲非聲。⿱非䖵或從虫（古假爲飛）
693		坐					徂臥切	17	止也從畱省從土所止也此與留同意。古文坐。
669		綽					昌約切	2	⿰素爰也從素卓聲。繛或省。
756		酬					市流切	3	獻醻主人進客也從酉𠷎聲或從州。
588		翼					與職切	1	翄也從飛異聲。籀文翼，篆文翼從羽。
575		脈					莫獲切	16	血理分衺行體中者從𠂢從血衇或從肉。籀文。
669		緩					胡管切	14	繛也從素爰也。⿰素爰或省。
165		歹					許久切	3	腐也，從𣦵丂聲。歹或從木。（今字作朽）
573		涉					時攝切	8	徒行濿水也從沝步。篆文從水。

611		抽				敕鳩切	3	引也從手畱聲。擂或從由。或從秀。
682		蚊				無分切	13	齧人飛蟲從䖵民聲。蟁或從昏，以昏時出也。俗蟁從虫從文。
683		蚍		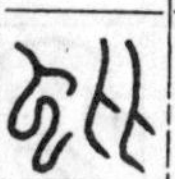		房脂切	15	𧖀蠹大螘也從䖵比聲。或從虫比聲。
575		原				愚袁切	14	水本也從灥出厂。篆文從泉。
152		難				那于切	14	鷜鳥也，從鳥堇聲。鷜或從隹。
								鷜三古文。

287	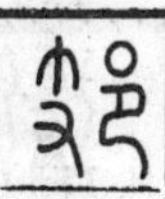	岐				巨支切	15	用文王所封……以邑支聲。郊或從山支聲，古文從枝從山。
14		璂				渠之切	1	弁飾也從王綦聲。或從基。
30		蓾				郎古切	5	艸也，可以束從艸魯聲。蓾或從鹵。

	篆文	宋體	古文	籀文	或體	其他	反切	韻部	說解
149		集					秦入切	7	羣鳥在木上也，從雥木。雧或省。（作集）
113		餌					仍吏切	1	粉餅也，從䰜耳聲。鬻或從食耳。
23		蓈					魯當切	10	禾粟之莠生而不成者謂之童蓈。蓈或從禾作「稂」。
682		蜉			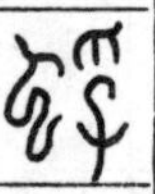		縛牟切	3	𧖅蠹也從䖵橐聲。蠹或從虫從孚。
272		亙	亙				古鄧切	6	竟也從木恆聲。古文㮓。
238		𩏄					徒管切	14	履後帖也從韋段聲。緞或從糸。
681		蜜					彌必切	11	蠭甘飴也一曰螟子從虫鼏聲。或從必。
744		燧					徐醉切	15	塞上亭守湊火者也從𨺅從火遂聲。篆文省（今作燧）。
681	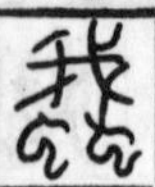	蛾			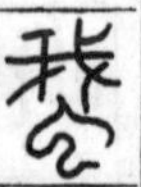		五何切	17	蠶匕飛蟲從䖵我聲。或從虫。

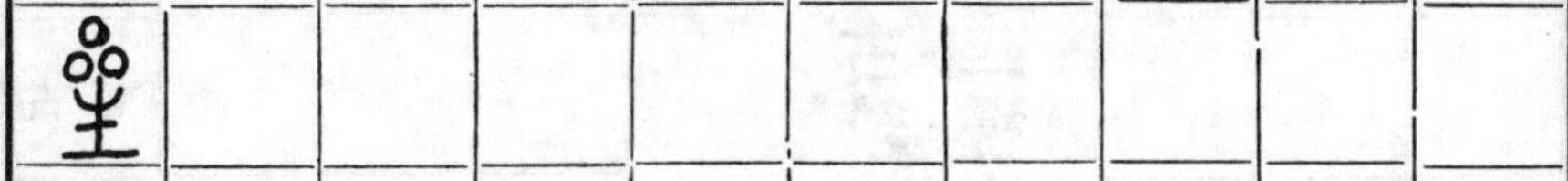

頁	字	反切	號	說解
673	蜾	古火切	17	𧕰蠃蒲盧細要土蠭也，純雄無子之𧕰蠃負之。從虫𦣻聲，或從果。
744	隘	烏懈切	16	陋也，從𨺅𦍩聲𦍩籀文嗌字。篆文從𨸏益。
560	灘	他安反	14	水濡而乾也從水鷬聲詩曰鷬其乾矣俗灘從佳。
489	焦	即消切	2	火所傷也，從火𩁿聲。或省。
196	籗	竹角切	5	罩魚者也從竹靃聲。籗或從隺。
236	葟	戶光切	10	華榮也，從舜生聲。𩇯或從艸皇。
587	漁	語居切	5	搏魚也，從𩺰水。篆文𤁸從魚。
316	參	所今切	7	商星也從晶㐱聲。或省。
316	晨	植鄰切	13	房星爲民田時者從晶辰聲晨或省。
315	星	桑經切	11	萬物之精上爲列星從晶從生一曰象形從○。古文從曐。或省作星。

	篆文	宋體	古文	籀文	或體	其他	反切	韻部	說解
100	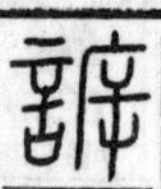	訴					桑故切	5	告也，從言㡿聲（㡿聲隸變爲斥，俗又譌斥論語曰訴子路於季孫。或從言朔。
									或從朔心。
71		徂					全徒切	5	往也從辵且聲。𨑩或從彳。（徂）。籀文從虘。
113		餗					桑谷切	3	鼎實惟葦及蒲從䰜速聲𩱓或從食束。

77

九、古籀或字與篆文所取義符洎形體不盡同而意義則一，二種文字至今並行不悖

	篆文	宋體	古文	籀文	或體	其他	反切	韻部	說解
77		徯					胡計切	16	待也，從彳奚聲。蹊或從足。
80		齰					側革切	5古	齧也從齒昔聲。齚或從乍。齚齰也。
87		𠰓					其虐切	5	口上阿也從口上象其理。𠰓或如此。

編號	篆文	楷書	古文	或體	反切	韻部	說解
							谷或從豦肉。
561		濿			力制切	15	履石渡水也從水石詩曰深則砅。砅或從厲。
266		杘			女履切	15	篗柄也，從木戶聲。杘或從木尼聲。
705		勳			許云切	13	能成王功也從力熏聲。古文勳從員。
100		詾		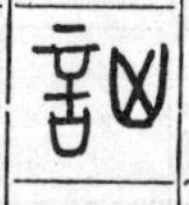	許容切	9	訟也，從言匈聲。或省作訩。
							訩或從兇。
708	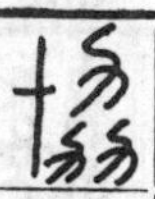	協	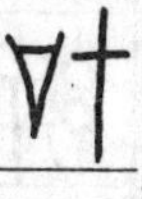		胡頰切	8	同衆之龢也從劦十。(十口所同亦協)。古文協從口十。叶或從日(口日一也)。
55		噍			才肖切	2	齧也從口焦聲。噍或從爵。
267		櫓			郎古切	5	大盾也從木魯聲。或從鹵。
751		育			余六切	3	養子使作善也從𠫓肉聲。育或從每。

	篆文	宋體	古文	籀文	或體	其他	反切	韻部	說解
670		蚓					余忍切	12	側行者從虫寅聲。螾或從引。
620	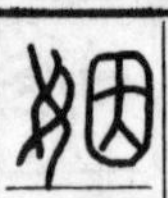	姻					於眞切	12	壻家也，女之所因故曰姻從女因因亦聲。籀文姻從𣶒。
662		綫					私箭切	14	縷也從糸戔。古文綫（古書又作綜）
741		阯					諸市切	1	基也從𨸏止聲。阯或從土。
700	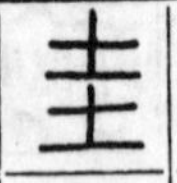	圭					古畦切	16	瑞玉也上圜下方……從重土。古文珪從玉。
649		繇					以周切	3	隨從也從系，䍃聲。由或繇字（繇又作猷，譌作繇）
585		䲔					渠京切	10古	海大魚也從魚畺聲。或從京。
569		澣					胡玩切	14	濯衣垢也從水榦聲。今澣從完。
218		阱					疾正切	11	陷也從𨸏井井亦聲。阱或從穴（作穽）。古文阱從水。

頁	字	切	部	說解
171	肊	於力切	1	匈骨也從肉乙。肊或從意。
456	磬	苦定切	11	石樂也從石𣪊象縣虡之形，殳所以擊也古者毋句氏作磬。籀文省，古文從巠。
462	豻	五旰切	14	胡地野狗，從豸干聲。豻或從犬，詩曰宜豻宜獄（小雅小宛）
442	嶽	五角切	3	東岱南靃西華北恒中大室從山獄聲。古文象高形。（今字作岳古文之變）
489	煙	烏前切	12	火氣也從火𡎺聲。或從因；籀文從宀；古文。
277	花	況于切	5	艸木華也從𠂹亏聲。（今字花行𠌶廢。）𠌶或從艸從夸。
279	回	戶恢切	15	轉也，從口中象回轉之形。
345	寓	牛具切	4	寄也從宀禺聲。寓或從广作。
335	糂	桑感切	7	以米和羹也從米甚聲一曰粒也。籀文糂從朁。
340	韲	祖雞切	15	墜也從韭次朿皆聲。韲或從齊。（作齏）。

編號	篆文	宋體	古文	籀文	或體	其他	反切	韻部	說解
185		劍					居欠切	8	人所帶兵也從刃僉聲。籀文劒從刀。
263		槃					薄官切	14	承槃也，從木般聲。古文從金，籀文從皿。
227		缾			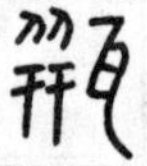		薄經切	11	罋也從缶幷聲。缾或從瓦。
266		柄					陂病切	10古	柯也，從木丙聲。或從秉。
25		藼			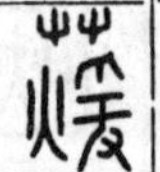		況袁切	14	令人忘憂之艸也從艸憲聲或從萱蘐。字又作諼，釋文「諼本又作萱。」大學引詩作諠。

96		諎					莊革切	5古	大聲也從言昔聲讀若笮。諎或從口。
12		球					巨鳩切	3	玉也從王求聲。或從翏，求翏二聲同三部。
70		迹					資昔切	16	步處也從辵亦聲。或體從足責，籀文迹從朿。

頁	篆文	楷書	古籀	或體	切音	韻部	說解
78		御			牛據切	5	使馬也，從彳卸。古文御從又馬。
95		詠			爲命切	10	歌也從言永聲。詠或從口。
112		鬲			郎激切	16	鼎屬也斗二升曰觳，象腹交文三足。鬲或從瓦。（古文亦鬲字見 p 113上）。作
		（𤮍）					漢令鬲從瓦厤聲。（注樂浪挈令織作紩）。
96		讇			丑剡切	8	諛也，從言閻聲。讇或從臽。
143		雞			古兮切	16	知時畜也從隹奚聲。籀文雞從鳥。
143		雛			士于切	4 古	雞子也從隹芻聲。籀文雛從鳥。
144		雕			都僚切	3古 2	鷻也從隹周聲。籀文雕從鳥。（考工記故書雕或爲舟）

篆文	宋體	古文	籀文	或體	其他	反切	韻部	說解

篆籀義符相關表

相關義符	金：角	金：鬲	金：木	金：木	金：皿	金：車	車：网	車：木	車：革
楷書	鑣	鬴	槈	槃		轙	罬	輗	軝
	⿰角麃	釜	鎒	鎜	盤	钀	輟	棿	⿰革氏
篆文	鑣	鬴	槈	槃		轙	罬	輗	軝
古籀或篆	⿰角麃	釜	鎒	鎜	盤	钀	輟	棿	⿰革氏
葉數	720	112	261		263	733	359	736	732

相關義符	玉：貝	玉：土	玉：瓦	玉：金	缶：瓦	缶：木	缶：皿	缶：	缶：由
楷書	玩	璽	瑱	鈕	缾	櫑		⿸虍由	
	貦	壐	⿰真瓦	⿰王丑	瓶	罍	⿱畾皿	鑪	⿰由盧
篆文	玩	璽	瑱	鈕	缾	櫑		⿸虍由	
古籀或篆	貦	壐	⿰真瓦	⿰王丑	瓶	罍	⿱畾皿	鑪	⿰由盧
葉數	16	694	13	713	227		263		644

相關義符	山				韋				
相關義符	木	卩	穴	邑	革	要	糸	弓	巿
楷書		郂	岫	扈	⿰革⿹勹車	韅	⿰韋段	韘	⿰巿合
楷書	⿰木⿱支山	岐	⿱穴由	⿰山弓	⿰韋⿹勹車	⿰韋㬎	緞	弽	韐
篆文		郂	岫	扈	⿰革⿹勹車	韅	⿰韋段	韘	⿰巿合
古籀或篆	⿰木⿱支山	岐	⿱穴由	⿰山弓	⿰韋⿹勹車	⿰韋㬎	緞	弽	韐
葉數	287		444	268	108	238	238	238	366

相關義符	土							
相關義符	自	自	自	自	亯	亯	亯	水
楷書	堙	埻	垝	阯	垣	城	堵	坻
楷書	陻	⿰阝享	陒	址	⿰亯亘	⿰亯成	⿰亯者	汷
篆文	堙	埻	垝	阯	垣	城	堵	坻
古籀或篆	陻	⿰阝享	陒	址	⿰亯亘	⿰亯成	⿰亯者	汷
葉數	697	698	697	741	691	695	691	695

彳								水	
人	辵	辵	辵	辵	辵	来	足	人	日
役	返	後	徥	退	往	[illegible]	徯	攸	涿
伇	彶	[illegible]	退	徂	迬	俟	蹊	汥	[illegible]
121	72	77	77	71	76	234	76	125	562

又		手					攴		
左	殳	虍	走	㞢		爪	刀	言	
叡	[illegible]	[illegible]	撫	[illegible]		舀	[illegible]	[illegible]	揚
[illegible]	[illegible]	[illegible]	[illegible]	折	[illegible]	抗	劇	[illegible]	[illegible]
161	163	614	607	45	337		126	128	614

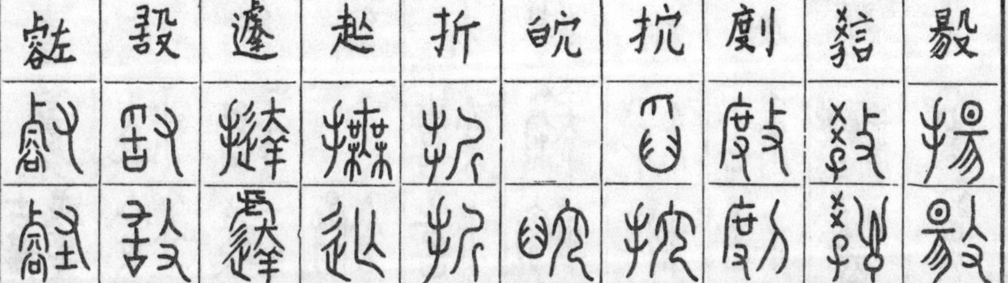

髟		犬			殳				相關義符
豕	毛	死	心	豸	食	手	攴	攴	
	鬣	獘	狌	豻	養	⿰扌攴	⿰舟攴	敗	楷書
⿰豕巤	⿰毛巤	斃	性	犴	羖	投	般	⿰⿱貝貝殳	
	鬣	獘	狌	豻	養	⿰扌攴	⿰舟攴	敗	篆文
⿰豕巤	⿰毛巤	斃	性	犴	羖	投	般	⿰⿱貝貝殳	古籀或篆
432		480	481	462	222	602	408	126	葉數

飛—羽	米								相關義符
	酉	黍	禾	麥	食		食	食	
⿱飛異	糟	黏	稃	麴	饎		餈	粒	楷書
翼	⿱⿰東東酉	粘	⿰米付	鞠	糦	⿰飠齊	粢	⿰立食	
⿱飛異	糟	黏	稃	麴	饎		餈	粒	篆文
翼	⿱⿰東東酉	粘	⿰米付	鞠	糦	⿰飠齊	粢	⿰立食	古籀或篆
588	335	330	327	335	222	221		334	葉數

口

欠	目		日	水	甘	甘	日十	曰	子
歗		睿	昌	唑	某	甚	協	昏	咳
噈	濬	濬	昌	氵坐	槑	𠥓	旪叶	昬	孩
416	576		309	56	250	204	708	61	55

頁

鼻	人	爿	白	心	犬	欠	欠	言	言
頞	北頁	尢頁	皤	哲	嗥	呦	嘯	嘖	吟
齃	俛	疣	番頁	悊	獋	𣢕	歗	謮	訡
421	424	425	367	57	62	62	58	60	61

相關義符		女	女	是	言	犬	人	爿	力
楷書	憜		媿	韙	愆	狌	態	⿰忄𤰈	勇
	惰	媠	愧	愇	諐	性	⿰亻能	⿰爿𤰈	恿
篆文 / 古籀或篆									
葉數		514	632	70	515	481	514	519	707

相關義符	牛—馬	力	走	足	足	止	寸	手	水
楷書	駕	動	起	迒	迹	近	道	撫	遡
	⿰牜各	⿺辶重	⿺辶己	⿰⻊叜	蹟	⿱止斤	𩠐	⿺辶亡	𣲒
篆文 / 古籀或篆									
葉數	469	706	65	76	70	74	76	607	561

首					𨸏				
髟	耳	頁	頁	頁	宀	石	山	𩫏	谷
髮	聝	顏	𦣞	頂	寏	碭	崩	陴	隫
犮首	馘	彥首	𦣞 頤	丁首	院		阝朋	𩫏卑	𧮫
430	598	420	599	420	342	454	445	743	740

糸			革						
冂	麻	巾	鼓	殸	鼓	月	車	足	艸
冕	緆	給	鼓合	磬	鞀	胄	軝	躧	茵
絻	麻易	帢	鞈	鞉	鼗	由革	革氏	革麗	鞇
357	667	666	208	109	109	357	732	80	44

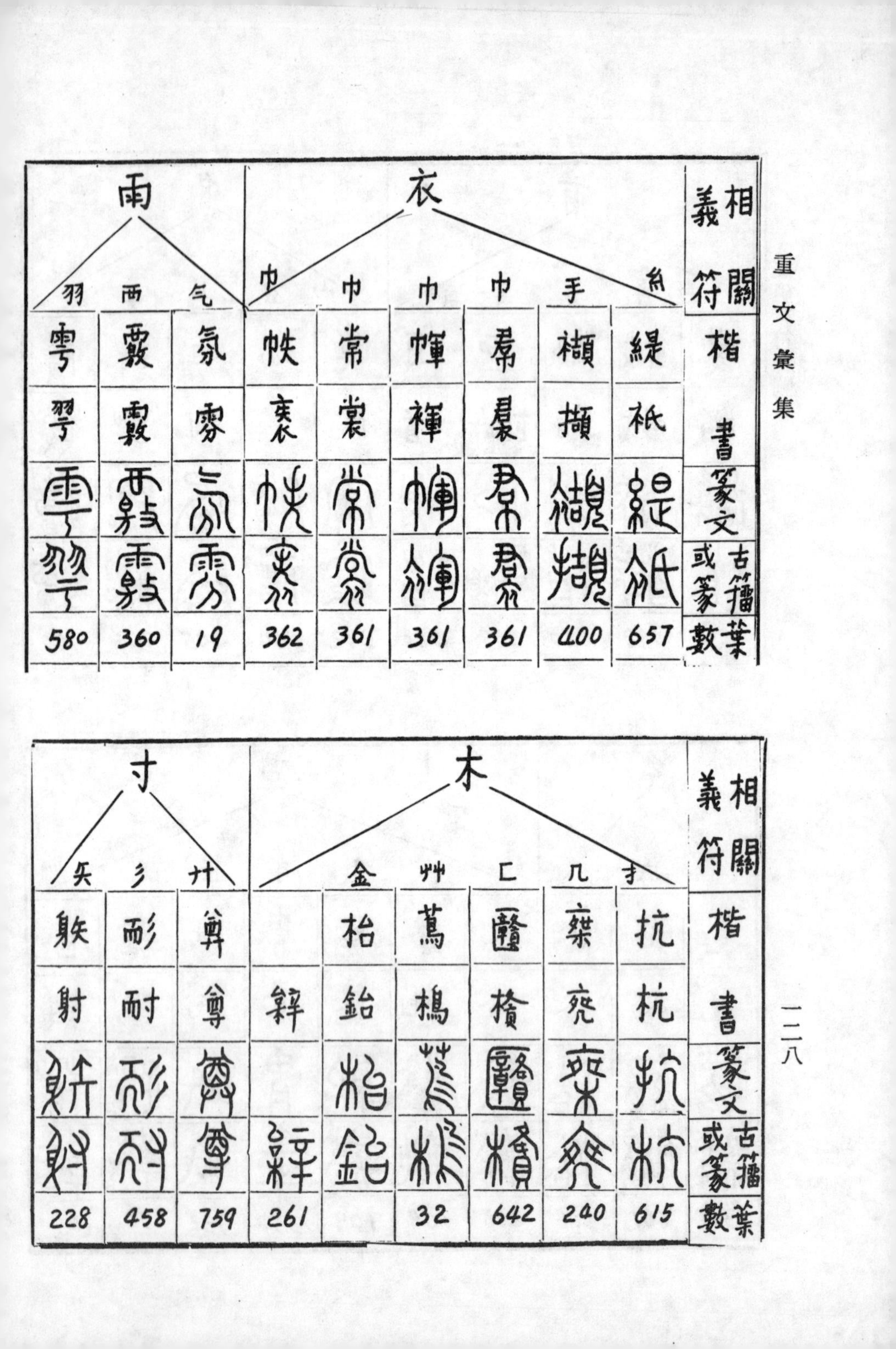

相關義符	衣						雨		
	糸	手	巾	巾	巾	巾	气	西	羽
楷	緹	櫝	帬	幝	常	帙	氛	覈	雩
書	衹	⿰扌賣	裠	褌	裳	袠	雰	⿱雨敫	⿱羽亏
篆文									
古籀或篆									
葉數	657	400	361	361	361	362	19	360	580

相關義符	木						寸		
	扌	几	匚	艸	金		廾	彡	矢
楷	抗	⿱亠桀	匵	蔦	枱		⿱酋廾	耏	⿰身矢
書	杭	⿱亠⿱夗几	櫝	樢	鈶	⿰糹辛	尊	耐	射
篆文									
古籀或篆									
葉數	615	240	642	32		261	759	458	228

鳥 — 隹

鸂	舊	𨿅	雇	𨾊	錐	雕	雞	䧴	雛
灘	鵂	鶩	鳸	鳿	鵻	鵰	鷄	鴟	鶵
560	146	144	144	145	145	144	143	144	143

虫 — 隹

鼠	希	个	个	魚	黽	黽		隹	
鼢	𧰘	蠭	𧓘	蟹	鼅	鼄	鸜	鷬	鶪
蚡	蝟	𧔢	𧕵	𩸉	蜘	蛛	瞿	難	雎
483	461	681	682	678	686	686	151	152	151

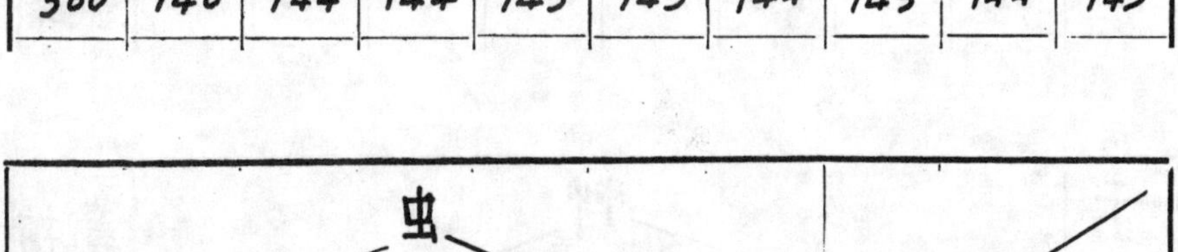

相關義符	勿	勿	勿	子—系	子—冊	女—士	屮—艸	屮—茻	屮—茻
楷書	歾	[illegible]	我	孚	嗣	壻	芬	[illegible]	惠
	殁	兕	[illegible]	[illegible]	孠	婿	芬	[illegible]	蕙
篆文	歾	[illegible]	我	孚	嗣	壻	芬	[illegible]	惠
古籀或篆	殁	兕	[illegible]	[illegible]	孠	婿	芬	[illegible]	蕙
葉數	163	463	638	114	86	20	22	22	161

相關義符	艸—糸	艸—革	艸—麥	艸—水	艸—皿	艸—木	艸—禾	艸—禾	示—酉
楷書	紱		[illegible]	[illegible]	[illegible]	蔦	蓈	穟	醮
	茷	鞠	[illegible]	荂	[illegible]	樢	稂	蓫	[illegible]
篆文	紱		[illegible]	[illegible]	[illegible]	蔦	蓈	穟	醮
古籀或篆	茷	鞠	[illegible]	荂	[illegible]	樢	稂	蓫	[illegible]
葉數		664	234	277	43	32	23	327	755

相關義符	臣（人）	攴（人）	水（人）	十（人）	尸（人）	心（人）	手（人）	女（人）	女（人）
楷書	僕	敉	佊	协	仁		儐	⿰亻矦	姷
	⿰臣菐	侎	波	⿰亻办	𡰥	忎	擯	⿰女矦	侑
篆文	僕	敉	佊	协	仁		儐	⿰亻矦	姷
古籀或篆	⿰臣菐	侎	波	⿰亻办 段注	𡰥	忎	擯	⿰女矦	侑
葉數	104	126	125	89		369	375	384	627

相籀義符	卩	𠬝	（足）	止（足）	骨（足）	网（足）	（足）	夊（足）	（足）
楷書	陟	服	企	跟	髀	⿱罒巽	⿰彳夂	夏	⿰屮屮
	㥴	舣	⿺辵企	䟫	踋	⿺辵巽	⿺辵彔	⿺辵夏	⿺辵⿱艸日
篆文	陟	服	企	跟	髀	⿱罒巽	⿰彳夂	夏	⿰屮屮
古籀或篆	㥴	舣	⿺辵企	䟫	踋	⿺辵巽	⿺辵彔	⿺辵夏	⿺辵⿱艸日
葉數	739	408	369	81	167	358	746	235	236

攴		見				宀			
尹	辛	四		目	目	穴		广	广
伊	辜	觀		視	睹	窾		宅	寓
[illegible]	[illegible]	[illegible]	眂	眎	覩	[illegible]	[illegible]	[illegible]	庽
371	748	412	412		133	345	341		345

		肉							
京	刃	日		血	食	頁	骨	爿	黑
黥	劒	腆		[illegible]	飪	脣	膀	胗	肬
[illegible]	劍	[illegible]	衇	脈	[illegible]	[illegible]	髈	肜	默
494	185	175	575		221	169	171	173	173

言

口	口	口	口	厶	攴	心	羊	宀	欠
詠	譜	謨	謀	羕	敎	誖	燮	宋	歌
咏	[口普]	莫	[母口]	誘	[爻孑言]	悖	爕	誄	謌
95	96	92	92	441	128	98	116	342	416

尗—豆	豸—鼠	勹—月	西—卤	西—卤	無—亾	無—无	心	口
[尗支]	[鼠益]	匈	㮚	栗	舞	無	謼	信
豉	[豸益]	胸	[卤卤卤木]	[卤卤卤木]	[羽亾]	无	[言胡]	[亻口]
340	483	438	320	320	236	640	100	93

相關義符	火	火	炙	貝	貝	鬲	鬲
	麥	炎	炎	鼎	宀	瓦	咼
楷書	熬	赤	燅	則	貧	甑	騧
	𪎐	⿱炎坴	⿰炙坴	⿰鼎刂	𡧍	⿱⿰曾彡鬲	⿰馬鬲
篆文	熬	赤	燅	則	貧	甑	騧
古籀或篆	𪎐	⿱炎坴	⿰炙坴	⿰鼎刂	𡧍	⿱⿰曾彡鬲	⿰馬鬲
葉數	487	496	491	181	285	644	466